Liebevoll verpackt

Geschenke verpacken – Die besten Ideen

Inhaltsverzeichnis

AutorInnen:
Andrea Asmussen (S. 29, 32 und 33)
Annette Bayer (S. 4, 5, 20, 28, 30, 31, 34, 36-38, 41, 44-46, 48, 51, 60-67, 72, 75, 77-79, 82-85 und 88f.)
Annette Bayer & Petra Sauter (S. 21, 26 und 27)
Gundula Guse (S. 54-57)
Monika & Nicole Helbig (S. 6, 7, 9-11, 22, 70, 71, 73, 74, 85-87 und 92f.)
Sieglinde Holl (S. 8, 12-15, 19, 35, 47, 50 und 95)
Lio Kulan & Ute Winkler (S. 23-25, 39, 40, 49, 53, 58f., 68f., 81 und 94)
Kornelia Milan (S. 76, 80, 89-91 und 96)
Monika Pfaff-Kern (S. 16-18, 42, 43 und 52)

Fotos: frechverlag GmbH, 70499 Stuttgart;
Fotostudio Ullrich & Co., Renningen

Auflage: 5. 4. 3. | Letzte Zahlen
Jahr: 2006 2005 2004 2003 | maßgebend

frechverlag GmbH, 70499 Stuttgart
ISBN 3-7724-3045-7 · Best.-Nr. 3045
Druck: frechdruck GmbH, 70499 Stuttgart

Sie haben endlich das passende Geschenk gekauft – nun möchten Sie es aber auch noch originell und ansprechend einwickeln oder präsentieren! Darf's eine Tüte, eine Schachtel, eine Dose oder ein Säckchen sein? Dieses Buch bietet Ihnen über 80 Ideen für tolle Geschenkverpackungen in verschiedensten Größen, Farben, Formen und Techniken und mit den unterschiedlichsten Accessoires. Und alle lassen sich noch abwandeln, variieren, ergänzen …

Wenn Sie bereits vorhandene oder fertig gekaufte Schachteln, Tüten oder Dosen weiter verschönern, ist schon die Verpackung ein Geschenk, denn solch eine liebevoll gestaltete Verpackung ist viel zu schön, um entsorgt zu werden und lässt sich wieder verwenden. Bei so vielen Anregungen fällt die Wahl schwer! Für häufig gemachte Geschenke wie CDs oder Weinflaschen finden Sie eigene Kapitel mit pfiffigen Vorschlägen. Da Weihnachten die Haupt-Geschenkezeit ist, ist auch diesem Anlass ein eigenes Kapitel gewidmet. Oder wie wäre es mit einem stilvollen Geschenke-Ensemble?

Wenn Sie die Ideen abwandeln, lassen sie sich für das ganze Jahr verwenden.

Für jedes Modell finden Sie eine genaue Materialliste sowie einen gut nachvollziehbaren Anleitungstext mit exakten Vorlagen.

Eigentlich viel zu schade zum Auspacken, diese tollen Verpackungsideen!

Werkzeug und Hilfsmittel

Sie benötigen:

- Bleistift
- Lineal
- Maßband
- Schere, Silhouettenschere
- Zackenschere
- Schneideunterlage
- Klebefilm
- Doppelseitiges Klebeband und/oder Klebepads
- Kraftkleber
- Heißklebepistole
- Sprühkleber
- Lochzange
- Schneidemesser
- Bürotacker
- Bandsplisser
- Kleine Drahtzange, Seitenschneider
- Spitze, dicke Nadel
- Sicherheitsnadel
- Transparentpapier und Pappe für Schablonen
- Sprühlack
- Serviettenkleber, Pinsel

Weitere Materialien

- Wellpappe
- Tonkarton und Tonpapier
- Seidenpapier
- Natronpapier
- Goldpapier
- Naturpapiere, handgeschöpftes Papier
- Bänder und Kordeln in verschiedenen Farben und Stärken
- Ringelband
- Golddraht, Bindedraht
- Hanf, Flower Hair, Bast
- Jute, Rupfen
- Klarsichtfolie/Blumenfolie
- Spandosen
- Metalldosen
- Pappdosen
- Geschenktüten
- Glitter-/Relieffarben
- Bastelfarben
- Schwarzer Filzstift
- Gold- und Silberliner

Siehe auch die Angaben bei den einzelnen Modellen.

Verpackungs- und Dekorationsmaterial

Für die Verpackungen in diesem Buch wurden im Bastel- und Schreibwarenfachhandel erhältliche Papiere, Bänder und Accessoires verwendet. Die genauen Angaben dazu finden Sie in den jeweiligen Materiallisten.
Achtung: Mengen und Maße sind nicht bei allen Materialien angegeben, da sie sich häufig an der Größe des zu verpackenden Geschenks orientieren. Auch wechseln die Sortimente der Hersteller mit der Zeit. Sollten Sie in Ihrem Fachgeschäft nicht genau dieselben Papiere, Bänder usw. bekommen, lassen Sie sich von den dort angebotenen Materialien inspirieren und wandeln Ihre Verpackung einfach etwas ab.

Unsere Tipps
Bei fast allen Geschenkpapieren können Sie durch Zusammenknüllen und Wiederausstreichen des Papiers einen wirkungsvollen Knittereffekt erzielen. Eventuell können Sie das Papier vor dem Glattstreichen leicht mit Farbe übersprühen.

Um beim Einschlagen des Papiers saubere Abschlüsse zu erhalten, empfehlen wir, doppelseitiges Klebeband oder Klebepads verdeckt anzubringen.

Schablonen erstellen

Die zum Gestalten vieler Geschenkschachteln oder -tüten bzw. der Dekorationsteile nötigen Vorlagen finden Sie ab Seite 97. Sie können davon Schablonen anfertigen:
Legen Sie Transparentpapier auf die Vorlage, pausen Sie das Motiv durch und kleben Sie diese Zeichnung (oder eine Kopie der Vorlage) auf einen festen Karton. Ausschneiden, fertig ist die Schablone.

Schleifen binden

Einfache Kragenschleife

Dies ist die Schleifen-Grundform, die für viele der in diesem Buch gezeigten Schleifen verwendet wurde. Sie ist leicht anzufertigen und eignet sich für alle Bandarten und Schleifengrößen. Schneiden Sie dafür das Schleifenband in der gewünschten Länge zu und legen Sie es so vor sich hin, dass sich die Bandenden vorne in der Mitte kreuzen. Nun raffen Sie das Band am Kreuzungspunkt und binden ein schmales Satinband, eine dünne Kordel oder einen feinen Draht darum herum.

Mehrfache Kragenschleife

Sie können die Schleife auch üppiger machen. Nehmen Sie dafür einfach ein längeres Band und legen Sie beim Schleifenbinden links und rechts jeweils eine bzw. zwei Schlaufen mit dazu. Raffen Sie alle Schlaufen am Kreuzungspunkt und binden Sie sie mit einem schmalen Band zusammen. Dieses binden Sie dann zu einer Schnürsenkelschleife.

Kragenschleife aus verschiedenen Bändern

Natürlich können Sie auch mehrere Bänder miteinander kombinieren. Beginnen Sie dabei mit dem breitesten Band, das Sie zu einer einfachen Kragenschleife binden. Legen Sie dann das nächste Band in Schleifenform darüber und knoten Sie es fest. Diesen Arbeitsschritt wiederholen Sie mit so vielen Bändern wie gewünscht. Eine hübsche Variante entsteht, wenn Sie am Schluss etwas Hanf, Flower Hair oder Ähnliches einbinden.

Serviettentechnik Schritt für Schritt

Material

Servietten
Servietten gibt es in verschiedenen Farben und Formen und mit unzähligen Motiven zu kaufen. Sie können auch Reste verwenden oder bei Einladungen Servietten sammeln, wenn Ihnen die Motive gut gefallen. Sammeln Sie immer mehrere Servietten ein, weil eine Serviette allein oft nicht ausreicht, da häufig Motive angesetzt werden müssen.

Serviettenkleber bzw. Serviettenlack
Serviettenkleber bzw. Serviettenlack gibt es von verschiedenen Firmen. Er ist matt, glänzend und mit Glimmer erhältlich. Aufgetragen wird er am besten mit einem breiten Pinsel. Beachten Sie bei der Anwendung die Angaben des jeweiligen Herstellers. Für Porzellanobjekte verwenden Sie einen speziellen Serviettenkleber, der im Ofen eingebrannt wird.

Scheren
Zum Ausschneiden der Serviettenmotive eignet sich eine Silhouettenschere am besten. Für Ton- oder Fotokarton verwenden Sie eine Bastelschere oder ein Papiermesser.

Backpapier und Bügeleisen
Backpapier und Bügeleisen benötigen Sie, wenn Sie die Serviettenmotive mit der Bügeltechnik auf dem Objekt anbringen möchten (Mod Podge).

Acrylfarben
Mit Acrylfarben grundieren und verzieren Sie Ihre Objekte. Sie können damit Papier, Holz, Ton usw. bemalen. Es gibt sie in verschiedenen Farben und unterschiedlich großen Flaschen zu kaufen. Manche Farben können übrigens auch direkt als Serviettenkleber verwendet werden.

Krakelierlack/Krakeliermedium
Krakeliermedium sorgt dafür, dass Ihre Objekte ein antikes Aussehen erhalten. Es wird zwischen zwei Farbschichten aufgetragen. Der „Crackle Effekt" entsteht, wenn die obere Farbschicht trocknet und der Untergrund durch die Risse sichtbar wird.

Föhn
Mit dem Föhn können Sie das Trocknen der Farben beschleunigen.

Verschiedene Pinsel
Diese benötigen Sie, um den Serviettenkleber aufzutragen und die Objekte mit Acrylfarbe zu bemalen.

Lack
Je nachdem, was Ihnen besser gefällt, verwenden Sie entweder Klar- oder Mattlack. Überziehen Sie die fertigen Objekte immer mit Lack, da nicht alle Serviettenkleber wasserfest sind.

Modelliermasse
Modelliermasse benötigen Sie, wenn Sie bestimmte Motivteile plastisch hervortreten lassen wollen (s. S. 7). Sie ist leicht formbar und trocknet über Nacht an der Luft. Es gibt sie in verschiedenen Farben zu kaufen.

Transparentpapier und Bleistift
Mithilfe von Transparentpapier und Bleistift übertragen Sie die Vorlagen aus diesem Buch auf das gewünschte Material (s. S. 5).

Glimmer
Um einen Glanzeffekt auf den Objekten zu erzielen, verwenden Sie Serviettenkleber mit Glimmer, Streuglimmer oder Glimmerfarbe. Streuglimmer wird immer in den noch feuchten Kleber eingestreut. Glimmerfarbe ist eine weißliche Farbe mit Glimmerpartikeln und wird immer zum Schluss auf die Objekte aufgetragen. Beim Trocknen wird die Farbe transparent und nur der Glimmer bleibt sichtbar.

Unser Tipp
Wir verwenden gerne Glimmerfarbe, weil sich der Glimmer so besonders gut verteilen lässt. Serviettenkleber mit Glimmer hat den Vorteil, dass Sie evtl. einen Arbeitsschritt sparen können.

So funktioniert die Serviettentechnik

Es gibt unterschiedliche Techniken, wie Serviettenmotive auf Objekte aufgebracht werden können. Beachten Sie immer die Hinweise des jeweiligen Herstellers.

Bügeltechnik
Streichen Sie die zu dekorierende Stelle mit Serviettenkleber ein. Lassen Sie diesen trocknen bzw. föhnen Sie ihn trocken. Von dem Serviettenmotiv verwenden Sie nur die oberste Lage. Diese legen Sie nun auf die zuvor eingeleimte Fläche, decken sie mit Backpapier ab und bügeln sie mit einem Bügeleisen (Einstellung „Baumwolle") fest. Der Serviettenkleber schmilzt durch die Hitze und verbindet sich so mit der Serviette. Lassen Sie das Backpapier leicht abkühlen, bevor Sie es vorsichtig von der Serviette abziehen. Bestreichen Sie die Motive nochmals dünn und vorsichtig mit Serviettenkleber. Arbeiten Sie sich dabei von der Mitte nach außen hin vor. Nach dem Trocknen tragen Sie zwei Schichten Lack auf. Lassen Sie jede Lackschicht gut trocknen. Der Vorteil der Bügeltechnik ist, dass die Serviette ganz glatt aufgebracht werden kann. Dies funktioniert natürlich nur bei glatten Untergründen.

Klebetechnik
Es gibt im Fachhandel Serviettenkleber, der nicht trocknen muss, bevor das Serviettenmotiv aufgelegt wird. Bei der Klebetechnik legen Sie das Serviettenmotiv auf den noch feuchten Klebstoff und drücken es vorsichtig fest. Anschließend streichen Sie eine weitere Schicht Serviettenkleber über das Motiv. Achten Sie darauf, dass Sie den Serviettenkleber immer von der Motivmitte zum Motivrand hin auftragen, sonst reißt das Motiv. Alle Blasen und Fältchen können Sie zum Rand hin ausstreichen.

Unser Tipp
Beim Aufbringen von Serviettenmotiven auf Wellpappe gibt es zwei Vorgehensweisen:
1. Markieren Sie, z.B. mit Strich-Ex, die Ränder des ausgeschnittenen Motivs auf der Wellpappe. Diese Fläche wird mit Serviettenkleber bestrichen. Legen Sie dann sofort die Serviette auf und streichen Sie das Motiv von der Mitte aus vorsichtig mit einem Pinsel in die Rillen.
2. Legen Sie die Serviette wie gewünscht auf die Wellpappe. Mit einem in Serviettenkleber getauchten Pinsel wird die Serviette von der Mitte nach außen hin vorsichtig in die Rillen der Wellpappe gestrichen.

So arbeiten Sie mit Modelliermasse für den 3D-Effekt

Zuerst wird die Serviette bzw. das Serviettenmotiv vollständig auf den Gegenstand geklebt. Anschließend formen Sie aus der Modelliermasse die Motivteile nach, die Sie plastisch hervorheben wollen. Achten Sie dabei darauf, dass die Modelliermassen-Elemente etwas kleiner sind als die Motivelemente, die Sie hervorheben wollen. Setzen Sie die geformte Modelliermasse auf die Motive und fixieren Sie sie mit Serviettenkleber. Dann lassen Sie alles über Nacht trocknen. Die Serviettenmotive werden nun nochmals etwas größer ausgeschnitten und über die Modelliermasse geklebt.

Unser Tipp
Beachten Sie beim Kauf von günstigen Servietten, dass sich die Farbe beim Überstreichen mit Lack ablösen kann und dann auf den Untergrund abfärbt. Am besten testen Sie dies vorher auf einem Stück Papier!

Material

- Metallicpapier, blau
- Streusternchen, silber
- Metallicband mit Sternchen, 16 mm breit, silber
- Quaste, silber
- Ringelband, silber

Schnelle Treppenschleifen

Legen Sie aus einzelnen, unterschiedlich langen Streifen des Bandes mehrere Schlaufen aufeinander, die von unten nach oben schmaler werden (vgl. Skizze). Die Schnittstellen liegen jeweils unten. In der Mitte werden die Schlaufen zusammengeklebt oder -getackert. Diese Stelle wird zuletzt mit einem Stück Band überdeckt. Die Zahl der „Treppen" ist beliebig. Die Quaste wird mit Ringelband in der Mitte befestigt. Die Streusternchen können mit Sprühkleber befestigt werden.

Papierschleife

Schneiden Sie die Papierstücke zurecht. Raffen Sie nun das große naturfarbene Stück Papier in der Mitte zusammen und binden Sie es mit dem Paketband fest.
Aus dem gelben und violetten Papier binden Sie zwei einfache flache Schleifen, die Sie dann kreuzförmig auf der großen Schleife andrahten.
Nun raffen Sie die acht grünen Streifen ebenfalls in der Mitte zusammen und binden sie in die Mitte der Schleife.
Das restliche Paketband teilen Sie in zwei Teile und binden eine Schleife auf Ihrer fertigen Papierschleife.
Die Schnüre lassen Sie herunterhängen.

Material

- Packpapier, 45 cm breit und 50 cm lang, natur
- Packpapier, 10 cm breit und 80 cm lang, gelb
- Packpapier, 10 cm breit und 80 cm lang, violett
- Packpapier, 8 x 1 cm breit und 40 cm lang, grün
- Paketband, 3 m lang

Schleife aus Wellpappe und Juteband

Material

- Wellpappe, 24 cm breit und 1 m lang, natur
- Jute, 50 cm breit und 80 cm lang, grün
- Efeuband mit Drahtkante, 4 cm breit und 1,5 m lang, grün-apricot
- 3 Bambusstäbe, ca. 35 cm lang, apricot
- Efeuranke, ca. 20 cm lang
- Rose, apricot

Schneiden Sie die Wellpappe zur Mitte hin etwas ein und binden Sie sie zu einer flachen Schleife zurecht. Schlagen Sie nun die Kanten der Jute nach innen ein und kleben Sie sie fest. Dann binden Sie hieraus ebenfalls eine flache Schleife. Die Juteschleife wird auf der Wellpappenschleife angedrahtet.
Aus dem Efeuband binden Sie nun eine doppelte einfache Schleife (vgl. Seite 5), die Sie über der Juteschleife befestigen. Drahten Sie jetzt die Bambusstäbe in der Mitte zusammen und kleben Sie sie schräg zwischen die Schleife.

Zuletzt befestigen Sie die Efeuranke in der Schleifenmitte und darauf die Rosenblüte.

Juteschleife

(Abbildung Seite 11)

Schlagen Sie den Jutestoff der Länge nach ein und kleben Sie ihn fest.
Dann legen Sie das Juteband zu einer flachen Schleife und raffen es in der Mitte mit einem Draht zusammen.
Aus dem Papierband binden Sie jetzt ebenfalls zwei flache Schleifen. Diese werden anschließend kreuzförmig über die Juteschleife gebunden.
Verzieren Sie nun die Bambusstäbe einzeln mit etwas Golddraht und binden Sie anschließend drei von ihnen mit Draht in der Mitte zusammen.
Dann kleben Sie sie senkrecht über Ihre Schleife.
Die anderen drei Bambusstäbe verbinden Sie fest mit dem Golddraht und befestigen sie waagrecht über der Schleife, sodass ein neues Kreuz entsteht.
Jetzt schneiden Sie Ihre Papierschleifchen zurecht.
Aus dem grünen Packpapier schneiden Sie ein 22 cm langes und 10 cm breites Stück und zwei 15 cm lange und 10 cm breite Stücke, aus dem braunen Packpapier schneiden Sie zwei 15 cm lange und 10 cm breite Stücke.

Nehmen Sie nun das große grüne Papierstück und raffen Sie es in der Mitte zusammen. Legen Sie es wie abgebildet in die Mitte der Schleife und binden Sie es mit dem Paketband fest. Darüber binden Sie eines der braunen Papierstücke.
An einem Ende des Paketbandes befestigen Sie nun das zweite braune Papierstück und darunter eines der übrigen grünen Stücke. An das andere Bandende binden Sie nur das grüne Papierstück. Das untere Bandende schließen Sie auf beiden Seiten jeweils mit einem Knoten ab.

Material

- Jute, 1,2 m breit und 0,5 m lang
- Packpapier, grün und braun
- Papierband, 7 cm breit und 2 x 1 m lang, rot-grün
- Paketband, 1,5 m lang
- 6 Bambusstäbe, ca. 36 cm lang, grün
- Golddraht

Material

Großes Päckchen:
- Dekofolie, gold
- Blütenzweig
- Golddraht

Kleines Päckchen:
- Alufolie
- Tüll mit Glimmerpunkten, 10 cm breit

Pompööös

Bei diesen Kragenschleifen (siehe Seite 5) wurden die Bandenden nach dem Abbinden gekürzt, so dass sie nicht zu sehen sind. Schneiden Sie aus den Folien schmale Bänder und knüllen Sie diese als Kordel zusammen. Binden Sie die Kordeln über die Schleifenmitte. Aus der goldenen Folie fertigen Sie zusätzlich Bandenden mit spitzem Abschluss. Diese binden Sie über die Schleifenmitte, damit sie direkt mit der Schleife verbunden sind. Der Blütenzweig wird mit dünnem Draht fixiert.

Festschleifen zur Vermählung

Material

- Geschenkpapier, weiß
- Tischband, 11 cm breit, weiß
- Tüllband, 10 cm und 5 cm breit, weiß
- Satinband, 3 mm und 25 mm breit, weiß
- Spitzenband, 15 mm und 20 mm breit, weiß
- Kordel, 5 mm stark, weiß
- Kordelspitzen, gold
- Federn, weiß
- Efeublätter
- Seidenrose, weiß
- Asparagus
- Golddraht

Kleines Päckchen

Verschnüren Sie das Paket mit dem breiten Satinband. Fertigen Sie aus den Bändern je eine einfache Kragenschleife (Seite 5) und binden Sie diese am Kreuzungspunkt mit Golddraht ab. Binden Sie die Schleifen mit dem schmalen Satinband aufeinander. Dazwischen werden die Efeublätter, der Asparagus, die Federn und die Seidenrose in der Mitte der Schleife befestigt. Die Kordelenden verzieren Sie mit den Kordelspitzen.

Material

- Geschenkpapier, weiß
- Moiréband, 75 mm breit, weiß
- Webband, 75 mm breit, weiß
- Tüllband, 100 mm breit, weiß
- Raschelspitze, 100 mm breit, weiß
- Satinband, 40 mm breit, weiß
- Webband mit Rosendekor, 40 mm breit, weiß
- Ringelband, weiß
- Kordel, 5 mm stark, weiß
- Quasten, gold
- Ringe, gold mit weißen Tauben
- Golddraht

Großes Päckchen

Verschnüren Sie das Paket mit dem Satinband und fertigen Sie aus den verschiedenen Bändern je eine einfache Kragenschleife, die Sie mit Ringelband in der Mitte abbinden. Binden Sie die einzelnen Schleifen versetzt aufeinander, dazwischen befestigen Sie die Kordel. An den Kordelenden werden die Quasten mit Golddraht angedrahtet und in die Schleifenmitte werden die goldenen Ringe geklebt.

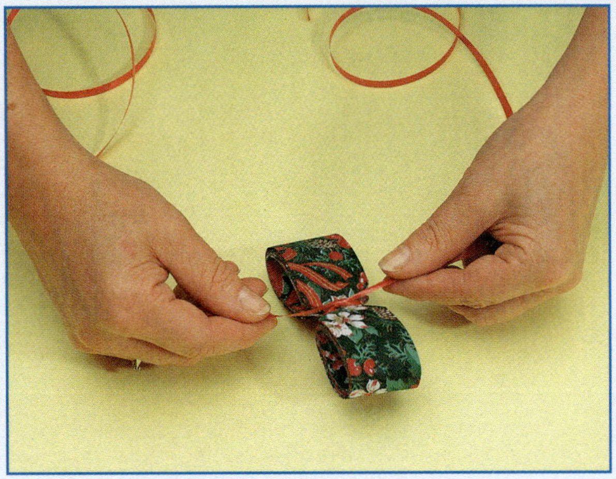

Pomponschleife

Legen Sie das Band in kreisender Bewegung übereinander, ca. zehn- bis zwölfmal, und halten Sie es zwischen Daumen und Zeigefinger fest. Drücken Sie es zusammen und schneiden Sie mit der Schere genau in der Mitte auf beiden Seiten Ecken heraus. Binden Sie es an dieser Stelle mit einem schmalen Band zusammen.
Ziehen Sie nun die einzelnen Schlaufen abwechselnd einmal oben und einmal unten aus dem Bandpaket heraus und drehen Sie die Schlaufen um die eigene Achse. Stellen Sie die einzelnen Schlaufen nach oben auf, damit sie dicht nebeneinander stehen und einen schönen Tuff bilden.

Material

- Geschenkschachtel, pink (oder in pinkfarbenes Papier eingewickeltes Geschenk)
- Geschenkband, 25 mm breit, pink
- Tüll mit Glimmerpunkten, 100 mm breit
- Ringelband, gold
- Goldlamé-band, 5 mm breit

Ganz in Tüll

Die rosa Pomponschleife (siehe Seite 14) wird auf eine einfache Tüllschleife gebunden, die mit goldenem Ringelband fixiert wurde.

Im Frack

Arbeiten Sie einen Rechteckkarton nach der Faltanleitung (Seite 112). Schneiden Sie zwei Reversteile, deren Maße Sie der Vorlage entnehmen können, zu. Dann kleben Sie die Teile auf das weiße Papierhemd und befestigen das Ganze mit der oberen Kante abschließend auf dem Deckel.
Ein ca. 9 cm langes und ca. 5 cm breites Dekoband wird mit einem schmalen Streifen zur Fliege zusammengeklebt und auf dem Hemd fixiert. Für das Einstecktuch legen Sie ein quadratisches Stück des Bandes über Eck zu einem Dreieck zusammen. Legen Sie senkrecht eine Falte und kleben Sie das Einstecktuch auf die Rückseite des Brusttaschen-Pappstreifens.
Seitlich überstehende Bandenden schneiden Sie ab. Kleben Sie das Teil nur mit dem Pappstreifen auf dem Deckel fest.

Material

- Wellpappe in A3, schwarz
- Dekoband, 5 cm breit und ca. 12 cm lang, rot
- Schreibmaschinenpapier, weiß

Vorlagen Seite 112

Material

- Wellpappe in 50 cm x 70 cm, verschiedene Farben
- Kordeln
- Schnüre
- Glitterfarben

Vorlagen Seite 115

Edle Formen

Pyramiden

Übertragen Sie die Vorlage auf die glatte Rückseite der Wellpappe. Knicken Sie alle Brüche um. Fassen Sie die vier Seitenwände oben mit einem Band zusammen und verzieren Sie Ihre Pyramide nach Wunsch mit Farben.

Edle Formen

Material

- Wellpappe in A3, schwarz und weiß
- Wellpapperest, rot

Vorlagen Seite 114

Keilförmige Kartons

Nachdem Sie die Vorlagen übertragen und die Teile ausgeschnitten haben, kleben Sie die vordere Wand auf die Klebelasche der Seitenwand.
Schließen Sie den Karton und markieren Sie die Position für den Verschluss.
Kleben Sie den Verschluss auf den Markierungen fest. Setzen Sie nach Wunsch noch einen Akzent durch ein andersfarbiges Dreieck auf der Verschlussklappe.

Bärige Überraschung

(Abbildung Seite 19)

Bekleben Sie den Karton mit dem Geschenkpapier. Schneiden Sie den weißen Tonkarton etwas größer als die Öffnung des Kartons zu. Übertragen Sie die Öffnung des Kartons auf den Tonkarton und falzen Sie diesen mit Hilfe einer Schere und eines Lineals an den aufgezeichneten Linien, so dass er in die Öffnung des Kartons passt.
Schneiden Sie in diesen Deckel mit dem Cuttermesser eine Öffnung in der Größe 20 cm x 15 cm. Hinterkleben Sie die Öffnung senkrecht mit mehreren Streifen Satinband und legen Sie den Teddy samt etwas Holzwolle in den Karton. Stecken Sie den Deckel mit Ausschnitt in den Karton.
Fertigen Sie nun aus weißem und rotem Tonkarton nach der Vorlage ein Verkehrsschild, kleben Sie ein Schaschlikstäbchen dahinter und befestigen Sie es auf dem Deckel. Schreiben Sie auf einen Streifen Briefpapier Ihren Text und kleben Sie ihn am Schaschlikstab fest.
Im Inneren des Kartons bringen Sie einen Streifen Briefpapier mit der Aufschrift „Teddy, der Kuschelbär“ an. Fixieren Sie am Deckel und Kartonrand je ein Stück Klett- und Flauschband, so können Sie den Karton fest verschließen.

Material

- Karton mit Deckel (28 cm x 22 cm x 10 cm)
- Geschenkpapier mit Bärendekor
- Tonkarton, rot und weiß
- Satinband, 3 mm breit, braun
- Teddybär
- Holzwolle, grün
- Schaschlikstäbchen
- Briefpapier
- Klett- und Flauschband

Vorlagen Seite 131

Sweets

Material

- Glanzkarton in A3, blau
- Wellpappe in A3, pink, gelb, türkis und grün
- Blumenfolie
- Seidenpapier, grün
- Satinband, 0,5 cm breit und 100 cm lang, gelb
- Kordel, 150 cm lang, blau

Vorlagen Seite 120 und 122

Unser Tipp

Sie können die Bonbons auch zur Dekoration aufhängen oder zum Aufbewahren diverser Kleinigkeiten verwenden.

Ovales Bonbon

Zwei Ovale und den gezackten Mittelstreifen aus Glanzkarton sowie farbige Streifen aus Wellpappe nach Vorlage zuschneiden. Am Mittelstreifen die gestrichelten Linien mit dem Scherenrücken nachfahren und die Zacken nach oben biegen. Die Außenseite der Zacken mit Klebstoff bestreichen. Den Mittelstreifen von der angegebenen Markierung aus zwischen die Ovale kleben. Die bunten Streifen werden anhand der Vorlage positioniert und aufgeklebt.

Vier Löcher für die Tragegriffe einstanzen. Kordel durchziehen und die Enden zusammenknoten. Die Blumenfolie wird so um die Tasche gelegt, dass die Öffnung frei bleibt. Zwei 40 cm x 12 cm große Rechtecke aus grünem Seidenpapier zuschneiden, etwas raffen und an den Taschenseiten zwischen die Blumenfolie schieben. Mit Schleifen aus gelbem Satinband fixieren.

Material

- Glanzkarton in A3, blau
- Wellpappe, pink, gelb, türkis und grün
- Blumenfolie
- Seidenpapier, türkis
- Satinband, 0,5 cm breit und 100 cm lang, gelb
- Kordel, 150 cm lang, blau

Vorlagen Seite 120 und 121

Rundes Bonbon

Zwei Kreise und den gezackten Mittelstreifen aus Glanzkarton sowie die Punkte aus Wellpappe nach Vorlage zuschneiden. Am Mittelstreifen die gestrichelten Linien mit dem Scherenrücken nachfahren und die Zacken nach oben biegen. Die Außenseiten der Zacken mit Klebstoff bestreichen und den Streifen von der angegebenen Markierung aus zwischen die Kreise kleben.

Die Punkte aus Wellpappe anhand der Vorlage positionieren und aufkleben. Vier Löcher für die Griffe einstanzen, Kordel durchziehen und die Enden zusammenknoten.

Die Blumenfolie um die Tasche legen. Zwei 40 cm x 12 cm große Rechtecke aus türkisfarbenem Seidenpapier zuschneiden, etwas raffen und an der Taschenober- und Taschenunterseite zwischen die Blumenfolie schieben. Mit Schleifen aus gelbem Satinband fixieren.

Wertvolles Strandgut

Große Dose

Die große Dose und die Muscheln mit Gold ansprühen. Schablonen anfertigen, die Seesterne aus Kork ausschneiden, gut mit Klebstoff bestreichen und Sand aufstreuen.
Für das Büchlein werden ein Stück 5 cm x 8 cm große blaue Wellpappe sowie 5 cm x 6 cm naturfarbenes Tonpapier in der Mitte geknickt. Nun die Teile ineinander kleben, lochen und das Etikett aufkleben.
Das Dosenunterteil und ein großes blaues Rechteck an der Naht mit Klebstoff einstreichen, in das Unterteil stellen und andrücken – Spandosen- und Wellpappennaht sollten deckungsgleich sein.
Den 1,8 cm x 42,5 cm langen Streifen in den Deckelinnenring einkleben. Das Deckeloval auf blaues Tonpapier aufzeichnen und die Teile laut Vorlage vorsichtig in Form reißen und aufkleben.
An dem unteren Deckelrand Klebstoff auftragen, die Kordel aufkleben, das Büchlein beweglich festbinden und die Kordelenden verknoten.
Die Seesterne mit Goldbouillon umwickeln, die Goldkordel mit Schlingen und Knoten drapieren und mit den Muscheln und Seesternen zusammen aufkleben.

Material

- Wellpappe, 9 cm x 44 cm (Deckelunterteil), 1,8 cm x 42,5 cm (Deckelring innen), 5 cm x 8 cm (Büchlein), blau
- Tonpapier, 14 cm x 18 cm, blau
- Tonpapier, 5 cm x 6 cm (Bucheinlage), 1,5 cm x 2 cm (Buchetikett), natur
- Ovale Spandose, ø 16 cm
- 3 Muscheln, ø ca. 2-3 cm
- Goldspray, matt
- Goldkordel, ca. 0,25 cm stark, 65 cm lang (Deckeloberseite)
- Goldkordel, ca. 0,25 cm stark, 62 cm lang (Deckelring)
- Kork, ca. 10 cm x 10 cm, 1,5-2 mm stark
- Sand
- Goldbouillon, ca. 15 cm und 20 cm lang für Seesterne

Vorlagen Seite 130 und 131

Unser Tipp

Die Seesterne wirken besonders schön, wenn dem Sand etwas körniger Goldglitter beigemischt wird.

Kleine Dose

Die kleine Dose hat dieselben Arbeitsschritte wie die große Dose, jedoch wird vorne am Deckelring eine Muschel, am Dosenunterteil ein Seestern aufgeklebt.

Material

- Wellpappe, 6,5 cm x 30 cm (Deckelunterteil), 1,3 cm x 28 cm (Deckelring innen), blau
- Tonpapier, ca. 8 cm x 11 cm, blau
- Ovale Spandose, ø 10 cm
- 3 Muscheln, ø ca. 2-3 cm
- Goldspray, matt
- Goldkordel, ca. 0,25 cm stark, 45 cm lang
- Kork, ca. 10 cm x 10 cm, 1,5-2 mm stark
- Dünne Goldschnur oder Goldbouillon, 15 cm und 20 cm für Seesterne

Vorlagen Seite 130 und 131

Rosen-Dosen

Runde Dose

Bemalen Sie Dose und Dosendeckel vollständig mit orangefarbener Acrylfarbe. Die Holzkugeln und der Knauf werden hellgrün angemalt. Anschließend bekleben Sie die Dose und den Deckel mit dem Serviettenmotiv. Sparen Sie den Deckelrand aus.
Zuletzt kleben Sie die vier Holzkugeln mit Holzleim unter die Dose und den Knauf mittig auf den Dosendeckel.

Material

- Pappdose, ø 24 cm
- 4 Holzkugeln, ø 3,5 cm
- Holzknauf
- Acrylfarbe, orange und hellgrün
- Serviette mit Rosenmotiv
- Holzleim

Quadratische Dose

Diese Dose bemalen Sie mit hellgrüner Acrylfarbe, die Holzkugeln und den Knauf in Orange. Den Dosendeckel bekleben Sie ganz mit dem Serviettenmotiv. Für die Dosenseiten schneiden Sie jeweils ein Rosenmotiv aus, das anschließend wie abgebildet aufgeklebt wird.

Material

- Pappdose, 18 cm x 18 cm
- 4 Holzkugeln, ø 3,5 cm
- Holzknauf
- Acrylfarb orange u hellgrün
- Serviette mit Rose motiv
- Holzleim

Die Kirschen sind reif!

Material

- Tonkarton in A3, weiß
- Wellpappe in A4, weiß
- Servietten mit Kirschenmotiven
- Flasche, blau
- Satinbändchen, blau und rot

Vorlagen Seite 108

Faltschachtel

Die Faltschachtel wird nach der Vorlage auf Seite 108 hergestellt. Die Kirschen werden wie auf Seite 7 beschrieben aufgebracht.

Blaue Flasche

Das Etikett wird in passender Größe mit einer Zackenschere zugeschnitten und beschriftet. Bringen Sie das Serviettenmotiv an.

Karte

Die Kirschkarte wird passend zur Motivgröße zugeschnitten, gefalzt und wie auf Seite 7 beschrieben bearbeitet.

Alles von Herzen!

Hier finden Sie einige herzliche Ideen für den Valentinstag, eine Hochzeit oder den Muttertag.

Faltschachtel

Die Faltschachtel können Sie nach der Vorlage auf Seite 108 herstellen und dann mit dem Herz verzieren.

Unser Tipp
Wenn Sie eine kleinere Faltschachtel arbeiten wollen, verkleinern Sie die Vorlage einfach mit einem Kopierer auf die gewünschte Größe.

Fotoalbum

Das Album wird zunächst mit Papier (z.B. Naturpapier) bezogen. Übertragen Sie dazu das Format des Fotoalbums auf das gewünschte Papier und lassen Sie dabei auf allen Seiten etwa 1-2 cm Papier überstehen.
Die Außenseiten des Albums werden mit Sprühkleber besprüht. Nach kurzer Wartezeit wird vorsichtig das Papier aufgebracht, glatt gestrichen und trocknen gelassen. Das überstehende Papier wird nach innen umgeschlagen und festgeklebt.
Verteilen Sie die aus der Serviette ausgeschnittenen Motivteile auf der Umschlagseite und fixieren Sie sie.

Zum Schluss wird der ganze Umschlag mit Schutzlack überzogen. Aus einem farblich passenden Stück Tonpapier oder Tonkarton wird mit einer Zackenschere ein Schildchen geschnitten. Beschriften Sie dieses mit einem Gold- oder Silberliner.

Weiße Holzschachtel

Die Schachtel wird zuerst mit Schmirgelpapier abgeschliffen und dann von innen und außen grundiert. Dabei sollten Sie Farben verwenden, die auch im Serviettenmotiv vorkommen. Wir haben die Außenseiten weiß gestrichen, damit die roten Herzen gut zur Geltung kommen. Bringen Sie die Motive nach der Beschreibung auf Seite 7 auf.

Metalleimer mit Kärtchen

Die ausgeschnittenen Herzmotive werden mit Serviettenkleber auf dem Eimer fixiert. Gehen Sie dabei vor wie auf Seite 7 angegeben. Die Schlusslackierung erfolgt mit Mattlack.

Die kleine Karte wird in beliebiger Größe zugeschnitten, mit dem Motiv geschmückt und beschriftet.

Material

- Wellpappe in A3, weiß
- Naturpapier, großer Bogen, creme
- Tonkarton A4, weiß
- Acrylfarbe, weiß
- Serviette mit Herzmotiven
- Fotoalbum
- Metalleimer
- Holzschachtel

Vorlagen Seite 108

Einladung zum Kaffeeklatsch

Dose

Zunächst werden Schablonen hergestellt (siehe Seite 5). Die Dose innen und das große Rechteck an der Naht gut mit Klebstoff bestreichen und in das Dosenunterteil einkleben. Die Naht der Wellpappe, ca. 5 cm breit, und der Dose sind rückseitig. Das Dosenunterteil mit dem 5 cm x 45 cm langen Rechteck bekleben. Den Wellpappestreifen in den Deckelring kleben, Wellpappe in Natur und Braun, geknittertes Goldpapier und handgeschöpftes schwarzes Papier laut Vorlage zuschneiden, auf dem Deckel platzieren und aufkleben.
Den äußeren Deckelring mit dem Rupfenstreifen bekleben.

Motiv

Das Café-Schildchen mit Goldglitter beschriften und nach dem Trocknen die Konturen der Schrift mit schwarzem Stift umranden.
Schwarzes, handgeschöpftes Papier und geknittertes Goldpapier nach Vorlage in Form reißen und in der Mitte senkrecht ca. 1 cm übereinander kleben. Das braune Quadrat wird auf das naturfarbene und das halbrunde goldene Teil dahinter geklebt. Die Schublade mit dem „Griff" versehen und aufkleben.

Den dreiteiligen Mahlhebel zusammensetzen und hinter der Goldkuppel befestigen.
Die Kaffeemühle auf das schwarze bzw. goldfarbene Unterteil kleben, die Motivrückseite in der Mitte gut mit Klebstoff bestreichen und auf die Dose kleben.
Die Kokosschnur mit der Goldkordel verdrehen und in 5 cm Höhe so um den Spandosenrand kleben, dass die Kordelenden hinter dem Motiv verschwinden.

Material

- Wellpappe, 18 cm x 46 cm (Dosenunterteil innen), 5 cm x 46 cm (Dosenunterteil außen), 1,8 cm x 42,5 cm (Deckelring innen), natur und braun
- Ovale Spandose, ø 16 cm
- Geknittertes Goldpapier, 8 cm x 30 cm
- Handgeschöpftes Papier , 8 cm x 16 cm, schwarz
- Rupfen, 2 cm x 46 cm
- Kokosschnur, ca. 0,25 cm stark, 40 cm lang
- Goldkordel
- Kork (Schubladengriff), ca. 2 cm x 2 cm
- Glitterstift, gold
- Feiner Filzstift, schwarz

Vorlagen Seite 109-111

Von Herzen

Zwei Herzen mit unterschiedlichem Wellenverlauf (längs- und quergerippt) zusammenkleben. Die Unterkante des 6 cm x 39,5 cm großen Streifens wird auf der Innenseite 2-3 mm breit und an der Nahtstelle ca. 1 cm breit mit Klebstoff bestrichen. Den Streifen um den Herzboden legen und fest andrücken.
Für den Deckel den 3 cm x 41,5 cm großen Streifen ebenso wie beim Unterteil um das dritte Herz kleben.
Die drei roten Herzen mit der Lochzange lochen. Das Goldpapier und das schwarze Papier nach Belieben reißen oder zuschneiden und auf dem Deckel befestigen.
Die Kordel wie folgt verarbeiten: knoten, durch kleines Herz ziehen, nach 3 cm so um das Gitterband knoten, dass eine Schleife entsteht, durch großes Herz ziehen, nach 4 cm knoten, durch zweites kleines Herz ziehen und nach 3 cm nochmals knoten.
Das Ganze in der Mitte der Gitterschleife mit Klebstoff bestreichen und auf den Deckel kleben.

Material

- Wellpappe, 6 cm x 39,5 cm und 3 cm x 41,5 cm, natur
- Wellpappe in A4, rot
- Handgeschöpftes Papier, schwarz
- Goldpapier
- Gitterband, ca. 15 cm lang, gold
- Goldkordel, ca. 20 cm

Vorlagen Seite 113

Unser Tipp

Das Fixieren der Dose kann durch Holzwäscheklammern und einen gut sitzenden Gummiring wesentlich erleichtert werden (siehe Foto).

Tüten falten

Hier wird das allgemeine Vorgehen geschildert. Die genauen Maße finden Sie bei den einzelnen Tüten. Die Angaben auf Seite 29, 31-35, 37, 38, 41, 46, 88 (Nummerierung) beziehen sich auf die folgenden Punkte:

1 Von der Oberkante ... cm nach unten falten. Von der rechten Seitenkante ... cm nach innen falten.

2 Den rechten Längsfalz mit Klebstoff bestreichen und die linke Seitenkante bündig aufkleben.

3 Das Papier so drehen, dass die Naht hinten liegt, flach drücken (Papier liegt jetzt doppelt) und die Seitenkanten mit dem Daumen ausstreichen.

4a An der linken und rechten Seitenkante ... cm nach innen messen und den markierten Streifen nach vorne und hinten knicken.

oder

4b Von den oberen Ecken jeweils ... cm nach innen messen. Von den unteren Ecken jeweils ... cm nach innen messen. Die zwei linken bzw. die zwei rechten Markierungspunkte miteinander verbinden und die markierten Streifen nach vorne und hinten knicken.

5 Von der Unterkante ... cm nach oben messen und den markierten Streifen nach vorne und hinten knicken.

6 Die Seitenkanten zwischen den Knicklinien nach innen schieben.

7 Auf der Tütenvorder- und der Tütenrückseite an den linken bzw. rechten Ecken von der Unterkante bis zur Knicklinie jeweils ein kleines Dreieck herausschneiden.

8 Für den Tütenboden die Seitenteile nach innen klappen und das hintere und vordere Bodenteil darüberkleben.

9 Tragekordeln oder Tragegriffe anbringen. Die mit der Lochzange gestanzten Löcher vor dem Durchziehen der Kordel bzw. des Bandes mit Lochverstärkern stabilisieren. Vor dem Anbringen von Tragegriffen entlang der vorderen und hinteren Oberkante je einen Kartonstreifen kleben.

Unsere Tipps:

- Tonpapier lässt sich leichter falzen als Tonkarton. Achten Sie deshalb darauf, dass die Stärke mindestens 160 g/m² und höchstens 240g/m² beträgt.

- Als Falthilfe für eine Tüte kann man auch Schuhkartons als Form benutzen! Wickeln Sie den zugeschnittenen Bogen (Größe ist angegeben) um einen passenden Karton und falten Sie das Papier so, wie Sie ein Geschenk einpacken würden. Nach jedem Faltvorgang, bei dem Papier aufeinander trifft, benutzen Sie Klebstoff.

Alles Liebe

Tüte mit Regenbogenherzen

Lesen Sie zum Falten der Tüte bitte auf Seite 28 nach.
Setzen Sie folgende Maße ein:
1) oben: 3 cm, rechts: 3 cm.
4a) 5,5 cm. 5) 11 cm.
Schneiden Sie die unteren Herzen aus rotem Tonpapier aus, die oben liegenden aus Regenbogen-Buntpapier. Kleben Sie die kleineren Regenbogenherzen auf die größeren Tonpapierherzen.
Verteilen Sie die fertigen Herzen so auf der Tüte, dass sie sich teilweise überlappen. Orientieren Sie sich dabei an der Abbildung.

Tütenhöhe

ca. 25 cm

Material

- Tonpapier, 39 cm x 57 cm, rosé
- Satinband, 1 cm breit, 100 cm lang, rot
- Tonpapier in A4, rot
- Regenbogen-Buntpapier in A4

Vorlagen Seite 98

Tüte mit roter Schleife

Wie die Tüte gefaltet wird, lesen Sie auf Seite 28 nach (Maße siehe Tüte mit Regenbogenherzen).
Schneiden Sie die Herzen aus rotem Velourspapier aus. Kleben Sie sie verteilt auf die weiße Tüte. Orientieren Sie sich dabei an der Abbildung. Binden Sie das Satinband zu einer Schleife und fixieren Sie diese auf der Tüte.

Tütenhöhe

ca. 25 cm

Material

- Tonpapier, 39 cm x 57 cm, weiß
- Satinband, 1 cm breit, 100 cm lang, rot
- Velourspapier, rot
- Satinband, 4 cm breit, 40 cm lang, rot

Vorlagen Seite 99

Tütenhöhe

Kleine Eistüte: 23 cm
Große Eistüte: 28 cm

Material

- 3D-Wellpappe in A3, natur
- Seidenpapier, orange und grün bzw. grün und braun
- Styroporkugel, ø 10 cm bzw. ø 13 cm
- Tapetenkleister
- Pinsel
- 2 Zahnstocher
- 2 Perlen
- Spitze, dicke Nadel

Vorlagen Seite 97 und 117

Eiszeit

Die Anleitung ist für beide Tüten identisch. Abweichende Maß- und Farbangaben sind jeweils angegeben.

Tütenform und Eistropfen nach Vorlage zuschneiden, die Tütenform mehrmals nach allen Seiten über die Tischkante ziehen (glatte Rückseite der Wellpappe nach unten) und zur Spitztüte rollen. Die schraffierte Fläche mit Klebstoff bestreichen und die Tüte zusammenkleben.
Orangefarbenes (grünes) Seidenpapier mit Kleister bestreichen und die Styroporkugel bekleben. Die Eistropfen mit Seidenpapier in Orange und Grün (Grün und Braun) beziehen und beliebig auf der Tüte platzieren.
Ein 40 cm x 35 cm (45 cm x 50 cm) großes Rechteck aus grünem (braunem) Seidenpapier der Länge nach einmal locker falten. An den kurzen Kanten 2 cm übereinander kleben, zum Rohr formen, in die Eistüte stellen und die Faltkante locker ca. 5 cm (7 cm) über den Tütenrand legen.
Von den Zahnstochern jeweils eine Spitze abschneiden und eine Perle ankleben. Die Eiskugel auf die Tüte setzen. 1,5 cm unter der

Tütenkante mit der Nadel zwei sich gegenüberliegende Löcher zum Durchstecken der Zahnstocher durch die Tüte in die Styroporkugel stechen. Die Kugel mit den Zahnstochern auf der Eistüte fixieren.

Unser Tipp

Um die Styroporkugel zu fixieren, können Sie anstelle der Zahnstocher auch Patenthaften (Floristenbedarf) verwenden.

Eiskarte zur Tüte

Schneiden Sie die blaue Wellpappe 20 cm x 20 cm groß zu, das orangefarbene Tonpapier 19,5 cm x 20 cm und die Blumenfolie 15 cm x 18 cm groß. Die Eistüte, drei Kreise für Eiskugeln, Eistropfen und handgeschöpftes Papier werden nach der Vorlage ausgeschnitten.
Nun die blaue Wellpappe in der Mitte falten. Orangefarbenes Tonpapier ebenfalls falten und in die Karte kleben. Die drei Kreise bis zur Mitte einschneiden und zu flachen Hütchen kleben. Hütchen und Tropfen mit Seidenpapier beziehen.
Eis anhand der Positionszeichnung und des Fotos auf das handgeschöpfte Papier kleben. Dabei die rechte Seite der Eistüte nur an der oberen Ecke festkleben, damit ein gefalteter Geldschein oder ein gefaltetes Blatt Papier (Einladung zum Eisessen o.Ä.) eingeschoben werden kann. Die Blumenfolie locker um das handgeschöpfte Papier legen, auf der Rückseite fixieren und auf die Karte kleben. Kordel einknoten.

Material

- Wellpappe in A3, blau
- 3D-Wellpappe in A4, natur
- Tonpapier in A3, orange
- Handgeschöpftes Papier, beige
- Blumenfolie
- Seidenpapier, grün, orange und braun
- Kordel, 60 cm lang, orange

Vorlagen Seite 117

Material

- Zeitungspapier
- Kordel, ca. 40 cm lang, rot
- Briefumschlag, rot

Tüten in letzter Minute

Sollten Sie keine geeigneten Papiere haben, fertigen Sie Ihre Tüten einfach aus Zeitungspapier. Machen Sie aus der Not eine Tugend und nutzen Sie die Vielfalt der Themen und Bilder, die Ihnen Zeitungen oder Zeitschriften bieten. Die abgebildete Tüte kann zum Beispiel als Verpackung für einen Geschenkgutschein (hier eine Einladung ins Kino) verwendet werden.
Zwei Doppelseiten aufeinander kleben und in der gewünschten Größe zuschneiden. Tüte nach Anleitung (Seite 28) so falten, dass die Kinovorschau auf der Vorderseite zu sehen ist (Maße entsprechend wählen, Faltschritt 4a).
Tüte mit Popcorn, Gummibärchen o.Ä. füllen. Kinokarte oder -gutschein in einen Umschlag stecken und an die Tüte heften.

Hier kommt der Elefant

Lesen Sie die Anleitung für die Tüten auf Seite 28 nach.
Setzen Sie folgende Maße ein:
1) oben: 3 cm, rechts: 3 cm.
4a) 4,5 cm. 5) 9 cm.
Achten Sie beim Kopf auf die Einschnitte zwischen den Ohren und dem Rüssel. Der Schwanz wird von unten (entlang den Linien) eingeschnitten. Rollen Sie den Rüssel, die Ohren und den Schwanz vorsichtig über einen Bleistift, damit diese etwas vom Körper abstehen. Schieben Sie die Stoßzähne jeweils in den Einschnitt zwischen Rüssel und Ohr und fixieren Sie sie dort. Der Kopf wird nun auf die Tüte geklebt. Denken Sie daran, dass Ohren und Rüssel frei beweglich bleiben. Bringen Sie nun die Augen an. Mit einem Filzstift zeichnen Sie die Augenbrauen und die Rüsselfalten ein. Zum Schluss kleben Sie den Schwanz etwa in der Mitte der Tütenrückseite fest.

Tütenhöhe
ca. 25 cm

Material
- Tonpapier, 34,5 cm x 49 cm, grau (Tüte)
- Tonpapier in A4, grau, weiß und schwarz
- Kordel, schwarz
- Filzstift, schwarz

Vorlagen Seite 116

Mäusebesuch

Rechte Maus

Kleben Sie die Ohren an den Mäusekopf, befestigen Sie ein Ohr von vorne, das andere von hinten und ergänzen Sie die rosa Ohrmuschel. Fixieren Sie den Kopf auf dem Körper, die Füße und den Schwanz auf der Körperrückseite. Danach erhält die kleine Maus ihr Auge und ihre Nasenspitze.

Linke Maus

Von dieser Maus sieht man auf der Tütenvorderseite nur den Kopf. Kleben Sie die rosa Ohrmuscheln auf die grauen Ohren. Diese befestigen Sie auf der Rückseite des Mäusekopfes. Ergänzen Sie Augen und Nase. Nun kleben Sie den Schwanz auf das Mäusehinterteil. Die Füße werden von hinten befestigt.
Fertigen Sie die Tüte nach der Anleitung auf Seite 28.
Setzen Sie folgende Maße ein:
1) oben: 3 cm, rechts: 3 cm.
4a) 4,25 cm. 5) 8,5 cm.
Jetzt fixieren Sie die rechte Maus und das Gesicht der linken Maus von vorne auf Ihrer Tüte, die rückwärtige Ansicht der linken Maus auf der Tütenrückseite. Zum Schluss malen Sie die Barthaare mit schwarzem Filzstift auf.
Schneiden Sie nun die Käselöcher aus. Sie brauchen zehn große, acht kleine und acht halbe Löcher. Bekleben Sie die Tüte mit den Löchern – fertig ist die Käsetüte!

Tütenhöhe

ca. 13 cm

Material

- Tonkarton, 24,5 cm x 64 cm, gelb (Tüte)
- Tonpapier in A4, grau, rosa, schwarz, goldgelb
- Kordel, grau
- Filzstift, schwarz

Vorlagen Seite 120

Blüten-träume

Tütenhöhe
ca. 22 cm

Material
- Geschenkpapier mit Blumenaufdruck
- Tonpapier in A3, grün
- Spitze, dicke Nadel
- Band, 4 cm breit, 70 cm lang, weiß
- Band, 1,5 cm breit, 60 cm lang, grün
- Satinband, 0,4 cm breit, 50 cm lang, weiß
- Band, 1,5 cm breit, 80 cm lang, grün

Kleine Tüte

Beachten Sie bitte die Hinweise auf Seite 28.

Aus Geschenkpapier ein Rechteck von 50 cm x 35 cm (Querformat) zuschneiden. Tüte nach Anleitung anfertigen. Bei den nummerierten Arbeitsschritten folgende Maße einsetzen:
1) Oberkante: 3 cm, rechte Seitenkante: 2 cm.
4a) Seitenkanten: 3,5 cm.
5) Unterkante: 5 cm.
Tüte an den Oberkanten zusammenhalten und auf der Vorderseite 5 cm nach unten falten. Für die gefaltete Fläche grünes Tonpapier an der Oberkante und den Seitenkanten passend zuschneiden, an der Unterkante wellig reißen und aufkleben.

Das Satinband nun mit einer Nadel auf der grünen Fläche befestigen. Vorsicht, die Tüte nicht zunähen! Die Schleifenbänder über das Satinband legen und mit diesem eine Schnürsenkelschleife binden.
Für die Tragegriffe Löcher stanzen, grünes Band durchziehen und die Bandenden 2 cm übereinander kleben.

Große Tüte

Aus dem 70 cm x 50 cm großen Bogen Geschenkpapier (Querformat) eine Tüte nach Anleitung auf Seite 28 anfertigen. Bei den nummerierten Arbeitsschritten folgen-

de Maße verwenden:
1) Oberkante:
5 cm, rechte Seitenkante: 3 cm.
4a) Seitenkanten:
5 cm.
5) Unterkante:
8 cm.
Tüte an den Oberkanten zusammenhalten und auf der Vorderseite 9 cm nach unten falten.

Alles weitere lesen Sie bei der kleinen Tüte nach.

Tütenhöhe

ca. 28 cm

Material

- Geschenkpapier mit Blumenaufdruck
- Tonpapier in A3, grün
- Spitze, dicke Nadel
- Band, 4 cm breit, 90 cm lang, weiß
- Band, 1,5 cm breit, 165 cm lang, grün
- Satinband, 0,4 cm breit, 60 cm lang, weiß

Karte

Gerissenes Tonpapier, Geschenkpapier und Einlegeblatt hinter den Kartenausschnitt kleben, fertig!

Kartenhöhe

ca. 14,5 cm

Material

- Passepartoutkarte mit ovalem Ausschnitt
- Tonpapier in A4, grün
- Geschenkpapier

Eingesackt

Nähen Sie aus Jutegewebe einen Sack in der Größe 40 cm x 50 cm. Schneiden Sie 170 Bastfäden mit einer Länge von 40 cm zu. Binden Sie diese genau in der Mitte mit sechs 110 cm langen Bastfäden zusammen, deren Enden zu einem Zopf geflochten werden. Fassen Sie auf jeder Seite die kurzen Bastfäden zusammen und binden Sie diese nochmals 5 cm unterhalb der Bindestelle ab.
Verschnüren Sie den Sack mit 10 langen Bastfäden. Umwickeln Sie dann drei lange Zimtstangen mit Bast. Binden Sie die Quasten und die Zimtstangen am Sack oben fest. An die herabhängenden Bastfäden kleben Sie Sternanis und vergoldete Lorbeerblätter.

Material

- Jutegewebe, ca. 80 cm x 100 cm, natur
- Nähseide
- Bast
- Zimtstangen
- Sternanis
- Vergoldete Lorbeerblätter

Tütenhöhe
ca. 13 cm

Material
- Tonpapier in A4, rot
- Streifen-Fotokarton in A4, rot-blau
- Band, 5 cm breit, 20 cm lang, blau
- Satinband, 0,4 cm breit, 50 cm lang, weiß
- 3 Perlen, weiß
- Satinband, 0,4 cm breit, 60 cm lang, weiß
- Kleiner Umschlag, blau

Vorlagen Seite 118

Herzig gestreift

Herztüte

Nach der Vorlage werden zwei rote Herzen und eine gestreifte Herzhälfte ausgeschnitten. Die roten Herzen bis zur Markierung (Vorlage) entlang den Kanten zusammenkleben. Die gestreifte Herzhälfte auf der linken Seite fixieren, das blaue Band an den Bandenden 1,5 cm übereinander kleben und Satinband um die Mitte binden. Schleife aufkleben und Perlen einknoten.
Zuletzt die Löcher für die Griffe stanzen. Das 60 cm lange Satinband durchziehen und 2 cm übereinander kleben.

Unser Tipp
Den Umschlag können Sie mit Geld- oder Gutschein in die Herztüte stecken.

Klappkarte

Blaues Rechteck von 30 cm x 20 cm, rotes Rechteck von 9,8 cm x 20 cm, zwei rote Herzen, gestreifte Herzhälfte und rotes Miniherz zuschneiden.

Das blaue Rechteck anhand der Zeichnung (Seite 101) in zwei Arbeitsschritten zur Karte falten:
1) a und b nach innen falten.
2) c und d nach außen falten.
Auf der linken Kartenseite ein rotes Herz von innen und ein rotes Herz von außen deckungsgleich so aufkleben, dass es zum Einschieben eines Geldscheines oder eines Glückwunsches oben offen bleiben kann. Gestreifte Herzhälfte aufkleben. Satinband zur Schleife legen und mit dem kleinen Herzen auf der Karte fixieren. Rotes Rechteck zum Beschriften in die Karte legen.

Kartenhöhe

ca. 20 cm

Material

- Tonpapier in A3, blau
- Tonpapier in A4, rot
- Streifen-Fotokarton, Rest, rot-blau
- Satinband, 0,4 cm breit, 30 cm lang, weiß

Vorlagen Seite 101 und 118

Rechteckige Tüte

Aus rotem Tonpapier ein Rechteck von 57 cm x 25 cm (Querformat) zuschneiden. Tüte nach Anleitung auf Seite 28 anfertigen. Bei den nummerierten Arbeitsschritten folgende Maße einsetzen:
1) Oberkante: 3 cm, rechte Seitenkante: 3 cm.
4a) Seitenkanten: 3 cm.
5) Unterkante: 5 cm.

Nun die Motivteile nach der Vorlage ausschneiden und anhand der Positionszeichnung und des Fotos aufkleben. Das rote Band an den Bandenden 1,5 cm übereinander kleben. Satinband um die Mitte binden. Schleife auf das große Herz, kleine Fotokarton-Herzen auf das Satinband kleben.

Tütenhöhe

ca. 17 cm

Material

- Tonpapier, 50 cm x 70 cm, rot
- Streifen-Fotokarton in A4, rot-blau
- Band, 4 cm breit, 20 cm lang, rot
- Satinband, 0,4 cm breit, 30 cm lang, weiß
- Kordel, 1 m lang, blau

Vorlagen Seite 119

Nun werden noch die Tragegriffe angebracht: Löcher stanzen, Kordel durchziehen und die Enden zusammenknoten.

Für große Objekte

(Materialliste Seite 38)

Tüte im Hochformat

Aus Natronpapier ein Rechteck von 80 cm x 55 cm (Querformat) zuschneiden. Tüte nach Anleitung auf Seite 28 falten. Bei den nummerierten Arbeitsschritten folgende Maße verwenden:
1) Oberkante: 5 cm, rechte Seitenkante 5 cm.
4a) Seitenkanten: 4 cm.
5) Unterkante: 7 cm.
Tütenboden und Oberkanten, wie bei der querformatigen Tüte beschrieben, verstärken.
Für die Tragegriffe werden zwei 34 cm x 10 cm große Rechtecke aus Natronpapier zugeschnitten. Diese je zweimal längs falten, so dass Streifen von 34 cm x 2,5 cm entstehen. Weitere Arbeitsschritte siehe querformatige Tüte.

Tütenhöhe
ca. 43 cm

Material
- Natronpapier, ca. 80 cm x 55 cm, gold
- Tonpapier in A3, bordeaux
- Karton zum Verstärken
- Goldspray
- 8 Musterbeutelklammern
- Spitze, dicke Nadel

Vorlagen Seite 105

Unser Tipp
Die Blätter können Sie auch selbst auf einfarbiges Papier drucken: einfach echte Blätter mit Stempelfabe betupfen und diese auf das Papier pressen.

Von den Blättern nach Vorlage Schablonen anfertigen. Diese auf das Tonpapier legen und mit Goldspray besprühen. Um den leicht verwischten Effekt zu erzielen, die Sprühflasche etwas seitlich über den Blättern halten. So kommt etwas Farbe unter die Schablonen. Blätter ausschneiden und auf die Tüte kleben.

Tüte im Querformat

Aus Natronpapier ein Rechteck von 100 cm x 45 cm (Querformat) zuschneiden und die Tüte nach der Anleitung auf Seite 28 anfertigen. Bei den nummerierten Arbeitsschritten folgende Maße verwenden:
1) Oberkante: 5 cm, rechte Seitenkante: 5 cm.
4a) Seitenkante: 3 cm.
5) Unterkante: 5 cm.
Tütenboden innen mit Karton verstärken. Entlang der vorderen und der hinteren Oberkante kleben Sie innen je einen 5 cm breiten Kartonstreifen ein. Die vier unteren Tütenecken außen jeweils mit einem Dreieck stabilisieren.
Zwei 37 cm x 10 cm große Rechtecke aus Natronpapier für die Griffe zuschneiden. Diese zweimal längs falten, so dass Streifen von 37 cm x 2,5 cm entstehen. Von der rechten Außenkante eines Streifens 12 cm zur Mitte messen und im rechten Winkel nach unten falten. Den Streifen umdrehen und den Arbeitsgang wiederholen. Zweiten Streifen ebenso falten.
Einen Griff an der vorderen, einen an der hinteren Oberkante mit Holzwäscheklammern fixieren. Durch Tüte und Griff jeweils vier Löcher (mit spitzer Nadel) stechen. Die Griffe mit Musterbeutelklammern befestigen.

Tütenhöhe
ca. 35 cm

Material
- Natronpapier, ca. 100 cm 45 cm, mit Blättern bedru
- Ggf. Stempelkissen, gold
- Farblich passender Karton zum Verstärken
- 8 Musterbeutelklammern
- Spitze, dicke Nadel

Asien-Look

Geschenktüte

Auf die schwarze, fertig gekaufte Papiertüte malen Sie mit einer deckenden Farbe einen roten Kreis. Unter Umständen muss ein zweites Mal darüber gestrichen werden, damit die Farbe deckt. Das aus der Motivserviette geschnittene Schriftzeichen wird nach dem Trocknen der Farbe wie auf Seite 7 beschrieben mit Serviettenkleber aufgebracht.

Material

- Papiertüte, schwarz
- Bastelfarbe, rot
- Serviette mit Schriftzeichen

Spandose

Die Holzdose wird abgeschmirgelt und rot oder rosa grundiert. Nach dem Trocknen der Farbe bringen Sie das aus der Serviette geschnittene Schriftzeichen auf. Der Dosendeckel wird mit schwarzer Farbe umrandet.

Material

- Spandose
- Bastelfarbe, rot oder rosa und schwarz

Kaffee und Tee

Tee-Geschenktüte

Hier wurde eine fertige Geschenktüte verwendet. Das Serviettenmotiv wird entsprechend der Größe der Tüte ausgeschnitten und aufgeklebt.

Spitztüten

Für die Kaffee- und die Tee-Spitztüte bekleben Sie einen Tonkartonhalbkreis in der gewünschten Größe mit einer Serviette. Überstehende Serviettenteile werden einfach abgeschnitten. Der Halbkreis wird zu einer Tüte zusammengeklebt. Möchten Sie die Tüte verschließen, kleben Sie in die Tüte an den oberen Rand eine weitere Serviette, die Sie dann oben mit einem passenden Band schließen können.

Teedosen

Teedosen sind immer ein willkommenes Geschenk – besonders wenn sie ganz individuell gestaltet und mit wohl schmeckendem Tee gefüllt werden. Arbeiten Sie die Dosen wie auf Seite 7 beschrieben.

Kerze

Da die hier verwendete Serviette rund ist, muss ein wenig probiert werden, um sie richtig zu platzieren. Arbeiten Sie weiter wie auf Seite 7 angegeben. Verwenden Sie unbedingt speziellen Kleber für Kerzen, sonst könnten Sie unliebsame Überraschungen erleben.

Material

- Geschenktüte, weiß
- Tonpapier in A3, weiß
- Servietten mit Teekannenmotiv
- Servietten mit Kaffeemotiven
- Teedosen
- Kerze
- Serviettenkleber für Kerzen
- Holzvase
- Wellpappeschachtel
- Glitzerfarbe
- Acrylfarbe, braun, creme und weiß
- Schwamm

Vorlagen Seite 108

Wellpappeschachtel

In der mit Serviettenmotiven beklebten Wellpappeschachtel, die es auch fertig zu kaufen gibt, können Sie Leckereien verschenken. Bringen Sie die Motive wie gewohnt auf.

Holzgefäß

Grundieren Sie das Gefäß innen in einem warmen Braunton. Die Außenseite wird mit einem Schwamm in Creme und Weiß betupft. Der obere und der untere Rand werden dünn mit demselben Braunton, den Sie für das Innere verwendet haben, betupft.
Schneiden Sie passende Serviettenmotive aus und fixieren Sie sie. Mit Kaffee, Schokolade oder anderen Leckereien gefüllt, kommt dieses Mitbringsel sicher gut an.

Unser Tipp

Wenn die Serviettennaht nicht ganz gelungen ist, ziehen Sie sie mit passender Glitzerfarbe nach. Diese schmückende Linie sollten Sie dann aus optischen Gründen an anderen Stellen auf der Tüte wiederholen.

Schwungvoll ausgeschnitten

Die Anleitung gilt für beide Tüten. Abweichende Maß- und Farbangaben für die große Tüte stehen jeweils in Klammern.
Aus grünem (blauem) Tonpapier ein querformatiges Rechteck von 29,5 cm x 21 cm (Quadrat von 40 cm x 40 cm) zuschneiden. Tüte nach der Anleitung auf Seite 28 anfertigen. Bei den nummerierten Arbeitsschritten folgende Maße verwenden:
1) Rechte Seitenkante: 1,5 cm (2 cm).
4b) Obere Ecken: 2 cm (2,5 cm), untere Ecken: 3,5 cm (5 cm).
5) Unterkante 5 cm (9 cm).

Nach Vorlage die blaue (grüne) Vorderseite und den orangefarbenen Tropfen (Tropfen und Punkt) ausschneiden und aufkleben. Zugabe entlang den Kanten abschneiden.
Ein 20 cm x 3 cm (30 cm x 4,5 cm) großes Rechteck aus blauem Tonpapier für den Griff zuschneiden. Zweimal der Länge nach zu einem 1 cm (1,5 cm) breiten Streifen falten.

Diesen Streifen an der linken hinteren Ecke und an der rechten vorderen Ecke der Tüteninnenseite festkleben. Zur Verstärkung der Oberkante grüne (blaue) Tonpapierstreifen einkleben.

Tütenhöhe

Kleine Tüte: ca. 16 cm

Große Tüte: ca. 31 cm

Material

- Tonpapier, 50 cm x 70 cm, grün und blau
- Tonpapierrest, orange

Vorlagen Seite 100 und 128

Für edle Tropfen

Nach dem Ausschneiden der Verpackung knicken Sie alle Brüche und kleben das Teil dann an der Längsnaht entlang zusammen. Legen Sie die Verpackung dazu flach aufeinander. Verschließen Sie nun den Boden, indem Sie zuerst das Rechteckteil auf die Klebelaschen kleben. Die kurze Seite muss parallel mit der hinteren Kante abschließen. Kleben Sie das Sechseckteil zum Schluss darüber.
Schließen Sie den Karton (Skizze Seite 43) und bringen Sie Farbe auf (Bild Seite 43).
Bei den Beispielen auf dieser Seite schneiden Sie zwei Schlitze in die Verschlusslasche, schieben ein Band von hinten durch und befestigen vorn eine Schleife oder eine Bandschlinge. Dekorieren Sie nach Wunsch mit getrockneten Blumen etc.

Material

- Wellpappe, 50 cm x 70 cm, rot, natur und blau
- Bänder in verschiedenen Farben, Breiten und Materialien
- Quasten, gold
- Getrocknete Blütenstängel
- Relieffarben

Vorlagen Seite 123

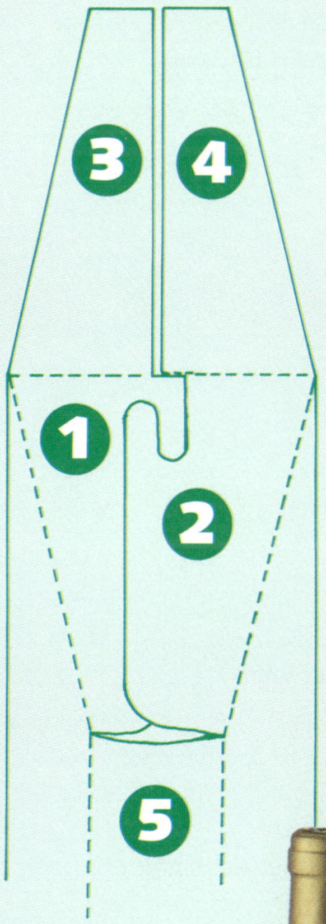

So wird der Verschluss des Flaschenkartons innen zusammengesteckt: Teile 1 + 2 ineinander stecken, Teile 3 + 4 nach hinten klappen, große Klappe von hinten nach vorn klappen und in Schlitz 5 stecken.

Edles Gold

Kleine Flaschenverpackung

Stellen Sie die Flasche in die Mitte des Seidenpapiers, schlagen Sie dieses zum Flaschenhals hoch und wickeln Sie Golddraht darum. Fertigen Sie eine mehrfache Kragenschleife (Anleitung Seite 5) und befestigen Sie sie mit Draht an der Flasche. Formen Sie aus dem Flower Hair eine Kugel und binden Sie sie an ein Drahtende. Zum Schluss umwickeln Sie den Flaschenverschluss mit Flower Hair.

Material

- Seidenpapier, großer Bogen, gold
- Schleifenband, 3,5 cm breit, gold
- Flower Hair, gold
- Dünner Golddraht

Große Flaschenverpackung

Besprühen Sie die Lorbeerblätter mit Goldspray. Stellen Sie die Flasche in die Mitte des Papiers und schlagen Sie es bis zum Flaschenhals hoch. Wickeln Sie die Kordel darum und knoten Sie sie fest. Schlingen Sie die Kordel nochmals lose um die Flasche und binden Sie deren Enden mit Golddraht zusammen. Zur Dekoration fädeln Sie abwechselnd Perlen und Blätter auf den Golddraht und befestigen ihn am Flaschenhals.

Unser Tipp

Sollten Sie kein creme-gold gemustertes Papier bekommen, besprühen Sie cremefarbenes Papier mit Goldspray.

Material Große Flaschenverpackung

- Weiches Geschenkpapier, creme-gold gemustert
- Kordel, 8 mm stark, gold
- Dünner Golddraht
- Wachsperlen, ø 2,5 cm, creme
- Getrocknete Lorbeerblätter
- Goldspray

Karte

Schneiden Sie aus dem Seidenpapier ein ca. 21 cm x 27 cm großes Rechteck aus, knüllen Sie es zusammen und streichen Sie es wieder aus. Falten Sie nun alle Seiten so nach innen, dass ein 10,5 cm x 13,5 cm großes Rechteck entsteht. Reißen Sie einen ca. 3 cm bis 4 cm breiten Streifen aus dem creme-goldenen Papier aus und kleben Sie ihn diagonal auf. Besprühen Sie zwei Lorbeerblätter mit Goldspray und kleben Sie sie auf das Seidenpapier. Heften Sie den Golddraht an und fädeln Sie die Wachsperlen auf. Zum Schluss kleben Sie das Ganze auf die Kartenvorderseite.

Material

- Karte aus Büttenpapier in A5, creme
- Seidenpapier, 21 cm x 27 cm, gold
- Weiches Geschenkpapier, Rest, creme-gold gemustert
- Dünner Golddraht
- Wachsperlen, ø 1,5 cm, creme
- Getrocknete Lorbeerblätter
- Goldspray

Unser Tipp

Anstelle der Lorbeerblätter können Sie auch Textilblätter verwenden.

Glänzendes Metall

Flaschenverpackung

Schneiden Sie das Geschenkpapier so zu, dass es etwas breiter als der Flaschenumfang und 20 cm bis 30 cm höher als die Flasche selbst ist. Wickeln Sie die Flasche darin ein. Am Flaschenboden legen Sie das Papier zur Mitte hin in kleine Falten und fixieren diese mit Klebeband. Wenn Sie wollen, können Sie noch einen entsprechend großen Papierkreis darüber kleben. Nun schneiden Sie mit 2 cm Nahtzugabe einen Wellpappe-Streifen zu, der um den Flaschenhals passt, und kleben diesen zusammen. Befestigen Sie die Metallherzen mit dem Klebeband oder der Heißklebepistole und wickeln Sie den Silberdraht mehrmals um die Flasche. Anschließend fertigen Sie aus dem Lochband eine einfache und aus dem Satinband eine mehrfache Kragenschleife (vgl. Seite 5) und binden beide Schleifen mit Silberdraht an die Flasche.

Material

- Geschenkpapier (Natronpapier), silber
- Wellpappe, Rest, schwarz
- Satinband, 5 mm breit, orange
- Lochband, 10 cm breit, silber
- Dünner Silberdraht
- Metallherzen

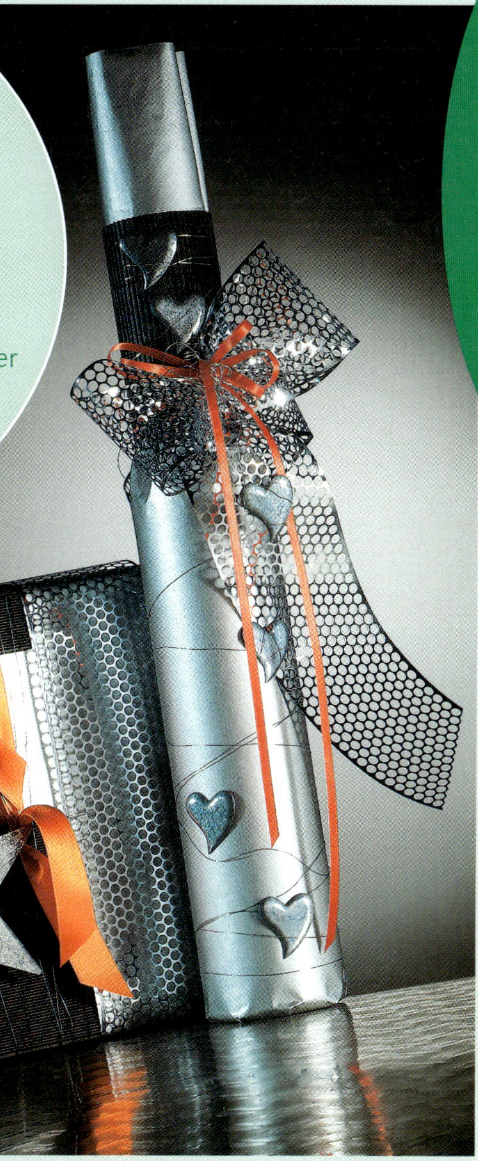

Päckchen

Packen Sie Ihr Geschenk in das Geschenkpapier ein. Schneiden Sie dann einen Wellpappe-Streifen zu, der nicht ganz um das Päckchen passt. Achten Sie dabei darauf, dass die Wellen der Wellpappe quer verlaufen. Bringen Sie an den kurzen Seiten des Wellpappe-Streifens, ca. 1,5 cm von den Kanten entfernt, jeweils zwei ca. 1 cm lange Schnitte an. Dann legen Sie den Streifen um das Päckchen, ziehen mithilfe einer Sicherheitsnadel jeweils ein Stück Satinband durch die sich gegenüberliegenden Schlitze und verknoten es. Rechts und links legen Sie das Lochband um das Geschenk und heften dieses mit dem Bürotacker zusammen. Schlingen Sie den Silberdraht um die Wellpappe und befestigen Sie die Metallsterne daran.

Material

- Geschenkpapier (Natronpapier), silber
- Wellpappe, Rest, schwarz
- Satinband, 2,5 cm breit, orange
- Lochband, 10 cm breit, silber
- Dünner Silberdraht
- 2 Metallsterne

Herzlichen Glückwunsch

Material

- Tonpapier, 50 cm x 70 cm, dunkelgrün
- Tonpapier, Rest, weiß
- Wellpappe in A4, gold
- Band, 6 cm breit, 1 m lang, rot
- Satinband, 0,5 cm breit, 90 cm lang, grün
- Satinband, 0,5 cm breit, 180 cm lang, grün
- Flower Hair
- Marienkäfer aus Holz
- Stift, schwarz

Vorlagen Seite 123

Flaschentüte

Aus grünem Tonpapier ein Rechteck von 40 cm x 46 cm (Hochformat) zuschneiden. Die Tüte nach der Anleitung auf Seite 28 anfertigen. Bei den nummerierten Arbeitsschritten folgende Maße einsetzen:

1) Oberkante: 3 cm, rechte Seitenkante: 3 cm.
4a) Seitenkanten: 4 cm.
5) Unterkante: 6 cm.

Die Tragegriffe aus grünem Band werden durch die eingestanzten Löcher gezogen und festgeknotet. Mit rotem Band und grünem Satinband eine einfache Schleife binden (siehe Seite 5). Die schmückenden Motive nach Vorlage zuschneiden und beschriften. Hufeisen, Flower Hair, Glückwunsch, Kleeblatt und Marienkäfer aufeinander kleben. Diese Dekoration wird zusammen mit der Schleife an der Tüte befestigt.

Material Zylinder

- Wellpappe in A3, schwarz
- Wellpappe in A4, gold
- Tonpapier in A4, weiß, dunkelgrün, hellgrün und türkis
- Band, 6 cm breit, 95 cm lang, rot
- Marienkäfer aus Holz
- Flower Hair
- Holzwolle
- Stift, schwarz

Vorlagen Seite 102, 103 und 123

Zylinder

Zwei Rechtecke aus schwarzer Wellpappe (39 cm x 12 cm und 41 cm x 12 cm) sowie alle auf dem Vorlagenbogen aufgezeichneten Teile des Zylinders auf die Rückseite der Wellpappe übertragen und zuschneiden. Gestrichelte Linien an gezackter Hutkrempe und gezacktem Oval mit dem Scherenrücken nachfahren. Zacken nach unten (Hutkrempe) bzw. nach oben (Oval) biegen.
Kleineres Rechteck zusammenhalten, in die gezackte Hutkrempe stellen, am Rand anlegen und die Nahtstelle markieren. Rechteck herausnehmen, entlang der Markierung zusammenkleben. Oberkante ringsum 1,5 cm breit mit Klebstoff bestreichen, in gezackte Hutkrempe stellen und Zacken von außen fest andrücken. Unterkante ringsum 1,5 cm breit mit Klebstoff bestreichen, auf gezacktes Oval stellen, Zacken von außen fest andrücken.
Zweites Rechteck, Oval und Hutkrempe mit der welligen Seite nach außen jeweils gegenkleben.
Jetzt 45 cm rotes Band um den Zylinder legen. An der Naht festkleben. Für die Schleife 35 cm Band an den Enden 2 cm übereinander kleben, 15 cm Band um die Mitte legen und auf der Rückseite zusammenkleben. Schleife am Zylinderband befestigen. Flasche in den Zylinder stellen, mit Holzwolle und aus Tonpapier geschnittenen Luftschlangen dekorieren.
Glücksbringermotive aufeinander kleben (siehe Flaschentüte) und auf der Holzwolle fixieren.

Gut verschnürt

Umwickeln Sie die Weinflasche mit leicht geknautschtem Packpapier und kleben Sie das Packpapier auf der Unterseite der Flasche mit doppelseitigem Klebeband zusammen. Umwickeln Sie die eingewickelte Flasche mit Paketschnur und knoten Sie die Enden zusammen. Befestigen Sie mit Bast einen Rest Jute und den Korkenzieher oben an der Flasche. Machen Sie aus mehreren Bastfäden eine Schleife um den Flaschenhals. Binden Sie mehrere Bastfäden an der Flasche oben fest und knoten Sie an deren Enden verschiedene Korken, den Flaschenöffner, den Flaschenverschluss und weitere Jutereste.

Material

- Packpapier
- Paketschnur
- Mehrere Korken
- Korkenzieher
- Flaschenöffner
- Flaschenverschluss
- Jutereste
- Doppelseitiges Klebeband

Material

- Flaschentüte, weiß
- 3D-Wellpappe, Rest, gelb
- Tonpapier, Rest, gelb
- Chiffonband, 1 cm breit, gelb
- Chiffonband, 4 cm breit, gelb
- Chiffonband, 7 cm breit, weiß
- Motivlocher „Blümchen"
- Dekofedern, weiß

Federleicht

Flaschentüte

Schneiden Sie aus dem Wellpappe-Rest ein Dreieck aus. Mit der Lochzange oder einer dicken Nadel stanzen Sie im Abstand von 0,5 cm zwei Löcher in die Wellpappe, durch die Sie das schmale Chiffonband ziehen. Kleben Sie das Dreieck auf die Tütenvorderseite und fertigen Sie aus den anderen beiden Bändern eine Schleife. Diese befestigen Sie mit dem schmalen Chiffonband auf dem Dreieck. Zum Schluss stecken Sie die Federn unter die Schleife und kleben mit ein wenig Klebstoff kleine, ausgestanzte Tonpapierblüten auf das schmale Band.

Osterpäckchen

Packen Sie Ihr Geschenk in das Lack-Geschenkpapier ein. Anschließend binden Sie das gelbe Band kreuzweise um das Päckchen, wobei Sie die Bandenden jeweils ca. 30 cm lang lassen. Legen Sie das weiße Chiffonband zu einer doppelten Kragenschleife (siehe Anleitung Seite 5) und befestigen Sie diese mit dem gelben Band am Päckchen. Zum Schluss binden Sie die Deko-Eier an und stecken die Federn unter die Schleife.

Material

- Lack-Geschenkpapier, weiß
- Chiffonband, 4 cm breit, gelb
- Chiffonband, 7 cm breit, weiß
- Dekofedern, weiß
- Deko-Eier aus Kunststoff, gelb-weiß

Unser Tipp

Ohne die Deko-Eier können Sie diese Geschenkverpackung auch zu nicht-österlichen Anlässen verwenden.

Weinkiste

Die Weinkiste aus Holz, in die eine 1 Liter-Weinflasche passt, wird erst weiß und dann mit zur Serviette passenden Farben, hier Weiß und Hellgrün, grundiert. Die Kanten tupfen Sie mit einem Schwamm in kräftigem Grün ab.
Platzieren Sie die Traube mit Serviettenkleber (siehe Anleitung Seite 7) in der unteren Hälfte des Kistendeckels. Die Blätterranke läuft nach oben aus. Zur Dekoration der Seitenteile der Kiste kleben Sie einige einzelne Blätter auf.

Unser Tipp

Wenn sich der Holzdeckel der Kiste nicht gut schieben lässt, streichen Sie mit einer Kerze die Ränder des Deckels ein. Durch das Wachs gleitet dann der Deckel leichter.

Material

- Weinkiste für 1L-Flasche
- Schwamm
- Bastelfarbe, weiß, grün und hellgrün
- Serviette mit Weinranken

Material

- Regenbogen-Wellpappe, 4 x 23 cm x 35 cm
- Tonkarton in A4, blau

Vorlagen Seite 124

CD – bunt verpackt

Für diese wiederverwendbare CD-Verpackung benötigen Sie vier Wellpappebogen mit möglichst identischem Farbverlauf. Aus diesen schneiden Sie nach Vorlage vier gleichfarbige Grundteile aus.
Kopieren Sie die Vorlagen für die Teile 1 bis 4 auf Seite 124 mit dem Vergrößerungsfaktor 145 %. Legen Sie jede Kopie auf die Rückseite eines Wellpappebogens und kleben Sie sie im Randbereich fest, dabei sollten Sie die inneren Spitzen der vier Teile jeweils an der gleichen Stelle z.B. im orangefarbenen Bereich positionieren. Dann ziehen Sie die Linien der Vorlagen mit einem spitzen Bleistift o.Ä. nach und übertragen sie so auf die Rückseite der Wellpappe. Schneiden Sie die vier Teile aus und kleben Sie die Spitzen mit der glatten Seite auf ein Tonkarton-Viereck (ca. 13 cm x 14,5 cm).
Falzen Sie die gestrichelten Linien auf der Wellpapperückseite mithilfe einer Schere und eines Lineals. Knicken Sie die kleinen Dreiecke nach innen und verschließen Sie die Verpackung, indem Sie vorsichtig eine eingeschnittene Verschlusslasche unter die andere schieben.

Ganz schön poppig!

(Abbildung Seite 51)

CD-Ständer

Stellen Sie den CD-Ständer auf ein entsprechend großes Stück Geschenkfolie. Nehmen Sie zuerst die kurzen Seiten der Folie hoch und fixieren Sie diese evtl. mit ein wenig Klebefilm seitlich am CD-Ständer. Danach nehmen Sie die längeren Seiten hoch und binden sie mit dem Polyband zusammen. Schneiden Sie für die Schleife ein 30 cm x 20 cm großes Stück grünes und ein 10 cm x 20 cm großes Stück blaues Seidenpapier zu, raffen Sie die beiden Stücke in der Mitte und binden Sie diese mit Polyband an den CD-Ständer. Knoten Sie den CD-Rohling an und splissen Sie einige Bandenden.

Material

- Geschenkfolie, transparent
- Seidenpapier, grün und blau
- Polyband, 1 cm breit, blau
- CD-Rohling

Pinkfarbenes Bonbon

Schneiden Sie das pinkfarbene Seidenpapier und die Geschenkfolie so zu, dass diese jeweils links und rechts 20 cm bis 30 cm breiter sind als das zu verpackende Geschenk. Knüllen Sie das pinkfarbene Seidenpapier etwas zusammen und streichen Sie es wieder aus, bevor Sie es um das Geschenk wickeln und den CD-Rohling darauf mit doppelseitigem Klebeband fixieren. Legen Sie die Geschenkfolie deckungsgleich um das Seidenpapier und umwickeln Sie auf beiden Seiten des Päckchens das überstehende Papier mit Polyband. Für die Schleifen schneiden Sie jeweils ein 20 cm x 20 cm großes Stück blaues und ein 12 cm x 12 cm großes Stück grünes Seidenpapier aus. Raffen Sie die Stücke in der Mitte zusammen und knoten Sie sie mit Polyband an das „Bonbon". Wenn Sie wollen, können Sie die Bandenden noch splissen.

Material

- Geschenkfolie, transparent
- Seidenpapier, pink, blau und grün
- Polyband, 1 cm breit, blau
- CD-Rohling

CD-Verpackung

Verpacken Sie die CD in doppelt gelegtes blaues Seidenpapier und binden Sie den CD-Rohling mit Polyband an. Für die Schleife schneiden Sie ein 20 cm x 20 cm großes Stück Geschenkfolie, ein 20 cm x 20 cm großes Stück pinkfarbenes und ein 10 cm x 15 cm großes Stück grünes Seidenpapier aus. Raffen Sie alle Stücke in der Mitte zusammen, umwickeln Sie diese mit Polyband und befestigen Sie die Schleife an der Verpackung. Zum Schluss splissen Sie die Bandenden.

Material

- Geschenkfolie, transparent
- Seidenpapier, blau, pink und grün
- Polyband, 1 cm breit, blau
- CD-Rohling

Stilvoll umhüllt

CD-Verpackungen

Schneiden Sie die Grundform zu. Knicken Sie dann alle Brüche gut um. Schließen Sie die Hülle, indem Sie die Bogen ineinander stecken. Kleben Sie zwei große Noten als Verzierung auf oder bringen Sie Schmuckelemente wie Noten, Violinschlüssel etc. mit Farbe auf. Der schwarzen Verpackung gibt Pearlspray, auf zwei gegenüberliegende Ecken gesprüht, den letzten Schliff.

Cassettenverpackung

Schneiden Sie die Grundform zu. Knicken Sie die Seitenwände nach oben und befestigen Sie die Klebelaschen innen an den Vorderseiten. Schmücken Sie den Deckel mit Noten und weiteren musikalischen Elementen.

Material

- Wellpappe in A3, schwarz, weiß, grün und rot
- Regenbogen-Tonpapier in A4
- Pearlspray, perlmutt-violett und perlmutt-blau
- Glitter-Liner, rot, schwarz und gold

Vorlagen Seite 99 und 105

Musik liegt in der Luft

Pausen Sie mithilfe von Transparentpapier die vergrößerte Vorlage auf Tonkarton ab und schneiden Sie sie aus. Das gewünschte Serviettenmotiv wird aufgebracht (siehe Anleitung Seite 7). An den auf der Vorlage gestrichelt gezeichneten Linien wird die CD-Hülle umgeknickt und dann zusammengeklebt. Die fertige Hülle wird mit Mattlack lackiert.

Material

- Tonkarton in A3, farblich passend zur Serviette
- Servietten mit Musik-Motiven oder beliebigen anderen Motiven
- Mattlack

Vorlagen Seite 125

Material
- Duschtuch, 70 cm x 140 cm, weiß
- Handtuch, 50 cm x 100 cm, weiß
- Gästetuch, 30 cm x 50 cm, weiß
- Stecknadeln
- Schleifenband, 4 cm breit, rot
- Spitzenband, 2,5 cm breit, weiß
- Kleine Seidenrosen, rot
- Küssendes Porzellanbrautpaar

Hochzeitstorte

Falten Sie das Duschtuch der Länge nach auf die Hälfte. Diesen Vorgang wiederholen Sie noch zweimal, so dass ein 9 cm breiter Streifen entsteht. Rollen Sie diesen schneckenförmig zusammen und fixieren Sie das Ende mit Stecknadeln. Mit dem Handtuch und dem Gästetuch verfahren Sie ebenso. Legen Sie nun die Tücher zur Torte aufeinander und fixieren Sie sie mit einigen Stecknadeln. Nun binden Sie um jeden „Tortenboden" rotes Schleifenband, darauf befestigen Sie eine Schleife aus Schleifenband sowie eine Schleife aus Spitzenband. Die Seidenrosen verteilen Sie auf der Torte. Zum Schluss wird das Porzellanbrautpaar mit doppelseitigem Klebeband oben auf der Torte fixiert.

Pinguinbrautpaar

Bei der Herstellung der Pinguine können Sie sich an den Abbildungen orientieren. Füllen Sie die Plastiktüten mit Zeitungspapier und kleben Sie diese mit Klebeband zu. Beziehen Sie den Rohling mit dem weißen Seifenlappen, kennzeichnen Sie die Hälfte des schwarzen Seifenlappens mit einer Nadel und stecken Sie diesen oben am Kopf des Pinguins fest. Binden Sie den Kopf des Pinguins mit Ringelband ab und fixieren Sie die Flügel mit Stecknadeln. Dann werden die Seitenteile mit Stecknadeln am unteren Rand des Pinguins befestigt. Raffen Sie den schwarzen Seifenlappen am Rückenteil in der Mitte etwas nach oben zusammen und fixieren Sie ihn am Körper mit Stecknadeln, so dass ein Frack entsteht. Ziehen Sie 30 cm Raffband zu einem Kreis zusammen und verknoten Sie die Fäden. Das Spitzenband wird zu einer kleinen Schleife mit 15 cm langen Bändern verarbeitet und samt dem zusammengezogenen Raffband auf dem Kopf der Braut fixiert. Bestücken Sie die Braut außerdem mit den bemalten Augen, dem Schnabel sowie den

Material
- 2 Seifenlappen, 30 cm x 30 cm, weiß
- 2 Seifenlappen, 30 cm x 30 cm, schwarz
- Ringelband, schwarz
- Schleifenband, 2,5 cm breit, schwarz-gold
- Spitzenband, 2,5 cm breit, weiß
- Satin-Raffband, 4 cm breit, weiß
- Tonkartonrest, gelb und weiß
- Deko-Zylinder
- Seidenblüten, gelb und Seidenblätter
- 2 Plastiktüten, ca. 18 cm x 26 cm
- Zeitungspapier
- Stecknadeln

Füßen. Binden Sie aus dem Schleifenband zwei Schleifen und befestigen Sie diese am Hals der Pinguine. Stellen Sie aus den Seidenblüten und -blättern einen Strauß zusammen und fixieren Sie diesen seitlich am Körper der Braut. Stecken Sie dem Bräutigam den Zylinder samt einer Blüte auf und bringen Sie auch bei ihm die Augen, den Schnabel sowie die Schleife an.

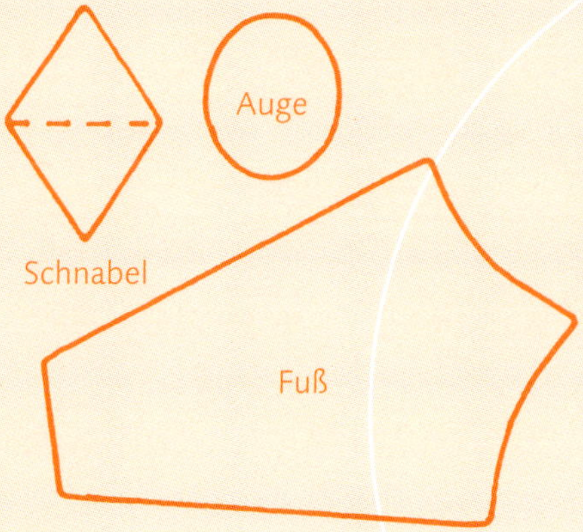

Fleißiges Paar

Koch

Wenn Sie ein Tuch mit Stickerei verwenden möchten, achten Sie darauf, dass sich diese in der rechten unteren Ecke des Tuches befindet. Für die Arme und Beine der Figur rollen Sie zwei Küchentücher zusammen und binden die Enden mit Ringelband ab. Das dritte Tuch legen Sie zur Hälfte zusammen. Fixieren Sie den Kopf aus Cellophanfolie (Umfang 24 cm) in der Mitte und binden Sie ihn mit Ringelband ab. Dazu können Sie sich an der Abbildung zur Putzperle orientieren. Legen Sie nun die Arme und Beine, die Sie in der Mitte verbunden haben, in die Öffnung unterhalb des Kopfes und binden Sie mit Ringelband die Taille der Figur ab. Nach der Vorlage fertigen Sie die bemalten Augen und den Mund und stecken sie mit Stecknadeln fest. Befestigen Sie nun die Schleife und die Knoblauchknolle mit Stecknadeln. Der Kochlöffel wird mit Ringelband an der Taille befestigt.
Für den Mützenrand benötigen Sie einen 3 cm breiten und 21 cm langen, weißen Glanzkartonstreifen, den Sie mit doppelseitigem Klebeband zusammenkleben und mit goldenen Sternen verzieren. Das Stück weißes Krepp-Papier kleben Sie dann gefaltet in den Innenrand.

Material

- 3 Küchentücher, 50 cm x 50 cm, weiß mit rotem Rand
- Ringelband, weiß
- Schleifenband, 2,5 cm breit, rot
- Tonkarton, Rest, weiß
- Glanzkarton, Rest, rot und weiß
- Krepp-Papier, ca. 25 cm x 25 cm, weiß
- Selbstklebende goldene Sterne
- Filzstift, schwarz
- Deko-Knoblauchknollen
- Kochlöffel
- Cellophanfolie
- Stecknadeln

Putzperle

Falten Sie das Geschirrtuch der Länge nach zur Hälfte (50 cm x 35 cm). Fixieren Sie den Kopf aus Folie (Umfang 25 cm) in der Mitte und binden Sie diesen mit Ringelband ab (siehe Abbildung).
8 cm unterhalb des Halses binden Sie den Rock der Putzperle ab und stecken die Seiten jeweils von innen mit Stecknadeln zusammen. Stecken Sie der Putzperle mit Stecknadeln den Hut, die bemalten Augen aus Tonkarton und den Mund aus Glanzkarton an. Zum Schluss binden Sie die Geschirrbürste und den Topfschwamm mit Ringelband an der Taille der Figur fest.

Material

- Geschirrtuch, 50 cm x 70 cm, weiß mit gestreiftem Rand
- Ringelband, weiß
- Tonkarton, Rest, weiß
- Glanzkarton, Rest, rot
- Filzstift, schwarz
- Strohhut, ø 11 cm
- Topfschwamm
- Geschirrbürste
- Cellophanfolie
- Stecknadeln

Alles blüht

Faltschachteln

Die Faltschachteln können Sie nach der Anleitung auf Seite 108 herstellen. Wie Sie die Serviettenmotive befestigen, wird auf Seite 7 beschrieben.

Geschenktüte mit Anhänger in Pink

Falten Sie die Tüte nach der Anleitung auf Seite 28 (Bogengröße 42 cm x 25 cm). Folgende Maße einsetzen:
1) oben: 3 cm, rechts: 2 cm.
4a) 2,5 cm. 5) 5 cm.
Das ausgesuchte Serviettenmotiv wird ausgeschnitten und mit dem Kleber fixiert. Der Anhänger wird mit einer Zackenschere aus pinkfarbenem Papier geschnitten, danach wird die ausgeschnittene Blüte angebracht.

Stoffsäckchen

Legen Sie zur Bearbeitung ein kleines Stück Plastikfolie in das Säckchen, damit die Seiten dieses durchsichtigen Gewebes nicht miteinander verkleben. Die oberste Lage des ausgeschnittenen Serviettenmotivs wird mit Serviettenkleber für Stoff angebracht. Bitte beachten Sie die Hinweise des Herstellers.

Karten

Die Karten (Rohlinge aus dem Fachhandel) werden wie auf Seite 7 beschrieben mit den Motiven gestaltet.

Material

- Wellpappe in A4, weiß
- Tonkarton in A3, weiß und pink
- Tonpapier in A3, pink
- Kartenrohlinge
- Servietten mit Blütenmotiven
- Satinband, dunkelgrün
- Zackenschere
- Stoffsäckchen
- Serviettenkleber für Stoff

Vorlagen Seite 108

Verpackungen für kirchliche Feste

Material

- Faserseide, großer Bogen, weiß, flieder und lila
- Satinband, 3 mm breit, flieder
- Chiffonband, 7 cm breit, lila

Päckchen mit Schleifen

Packen Sie das Geschenk in das fliederfarbene Papier ein. Anschließend schneiden Sie einen ca. 20 cm breiten Streifen aus lilafarbener Faserseide zu und falten diesen dann auf ca. 7 cm Breite. Der Papierstreifen sollte der Länge nach um das Päckchen reichen. Schneiden Sie pro Schleife ein 10 cm x 15 cm großes Stück weiße Faserseide, 10 cm Chiffonband und 20 cm Satinband zu. Stanzen Sie mit der Lochzange an den Stellen, an denen Sie die Schleifen anbringen wollen, jeweils zwei Löcher mit 0,5 cm Abstand in den lilafarbenen Faserseiden-Streifen. Durch diese ziehen Sie das Satinband, mit dem Sie jeweils das Faserseidenstück und das Chiffonband zusammenfassen. Wenn Sie alle Schleifen befestigt haben, legen Sie den Streifen um das Päckchen und fixieren ihn auf der Rückseite mit Klebeband.

Weißes Päckchen

Packen Sie das Geschenk in weiße Faserseide ein. Schneiden Sie anschließend aus lilafarbener Faserseide zwei 7 cm breite Streifen zu. Ein Streifen sollte längs, der andere quer um das Päckchen reichen.

Falten Sie die Streifen auf ca. 2,5 cm Breite, legen Sie sie in Kreuzform um das Päckchen und befestigen Sie sie auf der Rückseite mit doppelseitigem Klebeband. Führen Sie das Satinband ebenfalls kreuzförmig um das Päckchen und verknoten Sie es in der Kreuzmitte. Nun schneiden Sie ein 7 cm x 10 cm großes Stück lilafarbene Faserseide zu, raffen es in der Mitte und knoten es mit dem Satinband fest.

Material

- Faserseide, weiß und flieder
- Satinband, 5 mm breit, lila mit Goldeinzug

Lila Päckchen

Das weiße Faserseiden-Kreuz wird wie bei dem weißen Päckchen gearbeitet. Anschließend raffen Sie das Chiffonband der Länge nach und legen es kreuzförmig so über die weißen Faserseiden-Streifen, dass Sie es auf der Rückseite verknoten können. Zum Schluss knoten Sie ein kleines Stück fliederfarbenes Satinband in die vordere Kreuzmitte ein.

Material

- Faserseide, lila und weiß
- Satinband, 3 mm breit, flieder
- Chiffonband, 7 cm breit, lila

Traumhaft schön

Großes Päckchen

Verpacken Sie Ihr Geschenk in erikafarbenes Papier. Anschließend schneiden Sie zwei rosafarbene Papierstreifen zu. Diese falten Sie links und rechts entlang den Längskanten etwas um und legen sie schräg auseinander laufend um das Päckchen. Falten Sie aus den Papieren zwei unterschiedlich große Fächer, die Sie aneinander kleben und mithilfe einer Nadel und Satinband an die rosafarbenen Streifen heften. Für die Papierschleife schneiden Sie einen rosafarbenen Streifen zu, der ca. doppelt so lang wie die fertige Schleife sein sollte. Knicken Sie die kurzen Seiten jeweils nach hinten (ca. 1 cm überlappend) und kleben Sie sie fest. Drehen Sie die Seite mit den Nähten nach hinten und raffen Sie das Ganze in der Mitte zu einer Schleife. Legen Sie etwas Hanf über die Schleife und binden Sie diese mit Satinband an das Päckchen. Zum Schluss stecken Sie die Blüte ein.

Material

- Geschenkpapier, erika
- Geknittertes Geschenkpapier, rosa
- Satinband, 5 mm breit, erika
- Hanf, erika
- Textilblüte, rosa-weiß
- Stecknadel

Kleines Päckchen

Legen Sie das Papier so um das Geschenk, dass es auf dessen Vorderseite doppelt liegt. Nun falten Sie die überlappende Längskante zweimal schräg nach außen und fixieren die Faltung verdeckt mit doppelseitigem Klebeband. Fertigen Sie eine Papierschleife an (siehe großes Päckchen) und heften Sie sie mithilfe einer Nadel und Satinband an die Papierfalte. Zum Schluss binden Sie etwas Hanf ein und stecken die Blüte fest.

Material

- Geknittertes Geschenkpapier, rosa
- Satinband, 5 mm breit, erika
- Hanf, erika
- Textilblüte, rosa-weiß
- Stecknadel

Duftig und zart

Päckchen mit Schleife

Zuerst packen Sie das Geschenk in das Papier ein. Aus den Bändern fertigen Sie eine Schleife an und befestigen diese mit doppelseitigem Klebeband auf dem Päckchen. Die Blätter stecken Sie unter die Schleife oder fixieren sie mit Klebeband.

Material

- Geschenkpapier mit zartem Blütenmuster, creme
- Satinband, 6 mm breit, creme
- Satinband, 4 cm breit, creme
- Chiffonband, 4 cm breit, creme
- Skeleton-Blätter, beige

Material

- Faserseide, creme
- Satinband, 6 mm breit, creme
- Chiffonband, 7 cm breit, creme
- Skeleton-Blätter, beige
- Textilblüten, beige-aprikot

Päckchen mit Blüten

Packen Sie das Geschenk in Faserseide ein. Dann schneiden Sie einen ca. 20 cm breiten und längs um das Päckchen reichenden Faserseiden-Streifen zu und falten dessen Längskanten mehrmals um. Legen Sie den gefalteten Faserseiden-Streifen um das Päckchen und fixieren Sie ihn auf der

Rückseite mit doppelseitigem Klebeband. Anschließend führen Sie das Satinband entlang der Seitenflächen um das Päckchen und knoten es oben zusammen. Nun fertigen Sie aus dem Chiffonband eine mehrfache Kragenschleife an (Anleitung Seite 5) und binden diese mit dem Satinband an das Päckchen. Die Skeleton-Blätter und Textilblüten stecken Sie unter der Schleife fest oder fixieren sie mit Klebeband.

Karten

Schneiden Sie das Geschenkpapier zu. Dieses sollte an allen Rändern ca. 0,5 cm kleiner sein als die Karte. Kleben Sie das Geschenkpapier hinter den Kartenausschnitt. Wenn Sie wollen, können Sie noch ein Blatt oder ein Blattstück unter den Rand des Kartenausschnitts schieben und evtl. mit ein wenig Klebstoff fixieren. Lochen Sie mit der Lochzange den Kartenrand einmal und ziehen Sie ca. 20 cm Satinband durch. Zum Schluss legen Sie ca. 25 cm Chiffonband zu einer einfachen Kragenschleife (vgl. Seite 5) und knoten diese mit dem Satinband an der Karte fest.

Material
- Passepartout-Karten in A6, weiß oder creme
- Geschenkpapier mit zartem Blütenmuster, creme
- Satinband, 6 mm breit, creme
- Chiffonband, 4 cm breit, creme
- Skeleton-Blätter, beige

Safari

(Abbildung Seite 64)

Päckchen

Verpacken Sie Ihr Geschenk mit dem Naturpapier und binden Sie das Band über Kreuz um das Päckchen. Legen Sie die Bandenden zu einer einfachen Kragenschleife (vgl. Seite 5), knoten Sie einige Bastfäden mit ein und binden Sie aus diesen eine Schnürsenkelschleife.

Material
- Naturpapier, braun
- Band, 3,5 cm breit, hell-natur
- Bast, gelb

Kleine Dose

Schneiden Sie ein Stück Tonkarton 2-3 cm breiter als den Dosenumfang zu. Rollen Sie den Karton so, dass er in das Dosenunterteil passt. Nun kleben Sie die Rolle entlang der Naht ca. 1 cm breit zusammen. Der Rest bleibt zum Einschieben von etwas Hanf offen. Die Rolle kleben Sie so in das Dosenunterteil, dass die mit Hanf dekorierte Längsnaht seitlich sichtbar ist. Drücken Sie den Zweig an die Dose und legen Sie das Gitterband einmal um das Dosenunterteil. Nun werden das Dosenunterteil samt Zweig und Band und der Dosendeckel mehrmals mit Bast umwickelt. Stellen Sie dann noch zwei Bastschleifen her, indem Sie mehrere Bastfäden nehmen und diese so oft um die Hand wickeln, bis die gewünschte Stärke erreicht ist. Binden Sie die Bastschleifen in der Mitte mit einem Bastfaden ab und befestigen Sie sie an der Verpackung.

Material
- Pappmaché-Dose
- Tonkarton mit Raubkatzenfell-Muster
- Gitterband, 5 cm breit, natur
- Bast, hell-natur
- Hanf, natur
- Korkenzieherhaselzweig

Große Dose

Schneiden Sie ein Stück Tonkarton so zu, dass es 2 cm bis 3 cm breiter ist als der Umfang der Dose. Rollen Sie den Tonkarton dann so zusammen, dass er in das Dosenunterteil passt, und kleben Sie ihn zu einer Rolle zusammen. Kleben Sie dann die Tonkarton-Rolle in das Dosenunterteil und setzen Sie den Deckel auf. Sollte dieser zu lose sitzen, kleben Sie einen passenden Kartonstreifen in den Deckelrand. Fixieren Sie den Zweig mit der Kordel am Dosenunterteil und hängen Sie Bastquasten an den Zweig, die Sie folgendermaßen anfertigen: Nehmen Sie mehrere Bastfäden zusammen und wickeln Sie diese einige Male um Ihre Hand, bis die gewünschte Stärke erreicht ist. Binden Sie das Ganze mit einem Bastfaden ab, knoten Sie ein kurzes Baststück als Aufhängung an und schneiden Sie zum Schluss die Bastfäden unten auf.

Unser Tipp

Sollten Sie keinen Safari-Tonkarton erhalten, so können Sie auch Geschenkpapier mit Safari-Motiven verwenden, das Sie auf Karton kleben und wie den bedruckten Tonkarton verwenden. Auch Wellpappe ist gut geeignet.

Material

- Pappmaché-Dose
- Tonkarton mit Giraffenfell-Muster
- Kordel, 7 mm stark, natur
- Bast, hell-natur, natur und gelb
- Korkenzieherhaselzweig

Für den Hobbygärtner

Päckchen

Packen Sie Ihr Geschenk in Bananenpapier ein. Anschließend binden Sie einige Bastfäden um das Päckchen und knoten weitere, unterschiedlich lange Fäden ein. Für die Schleife legen Sie das orangefarbene und das grüne Rupfenband jeweils zu einer einfachen Kragenschleife (vgl. Seite 5), fassen diese zusammen, nehmen etwas Hanf dazu und knoten das Ganze mit Bast an das Päckchen.
Zum Schluss hängen Sie die mit Textilpetersilie versehenen Tontöpfchen mit Bastfäden an und schieben die Samentüte unter die Bastfäden.

(Fortsetzung auf Seite 66)

Material

- Bananenpapier, natur
- Bastfäden, gelb und natur
- Rupfenband, 4 cm breit, grün
- Rupfenband, 10 cm breit, orange
- Hanf, hell-natur
- 2 Tontöpfchen, ø 6 cm
- Textilpetersilie
- Samentüte

Geldgeschenk-Körbchen

Arrangieren Sie die Gartenutensilien so in dem Korb, dass von jedem Teil etwas zu sehen ist. Die Zwischenräume füllen Sie mit Hanf aus. Nun falten Sie die Geldscheine zu Fächern und verbinden diese leicht mit Klebefilm. Befestigen Sie den Geldschein-Fächer an einem Stück Blumensteckdraht und stecken Sie ihn zwischen die Petersilie. Zum Schluss befestigen Sie die Holzschnecke am Körbchen.

Material

- Spankörbchen mit Henkel, 20 cm x 7 cm x 12 cm
- Hanf, hell-natur
- Schnecke aus Holz
- Tontopf, ø 10 cm
- Textil-Salat und -Petersilie
- Verschiedene Samentüten
- Gartenhandschuhe
- Kleines Gartengerät (Setzholz, Schaufel o.Ä.)
- Schnurknäuel
- Blumensteckdraht
- 2 Geldscheine

Unser Tipp

Wenn Sie das Körbchen sofort verschenken wollen, können Sie natürlich frischen Salat verwenden.

Grün in Grün

Geld-Frösche

Fertigen Sie mit der Klebepistole eine Leiter aus Canna-Stäben, die etwas höher als das Glas ist. Befestigen Sie auf der letzten Sprosse einen Frosch. Falten Sie die Geldscheine zu Fächern und fixieren Sie sie mit Klebefilm an einem Canna-Stab. Stellen Sie den zweiten Frosch ins Glas und füllen Sie den Dekosand hinein. Der Gras- und der Blattpick, die Leiter und der Geldschein-Stab werden nun einfach in den Dekosand gesteckt.

Material

- Einmachglas oder Windlicht
- Grober Dekosand, grün
- Canna-Stäbe, grün
- Graspick
- Blattpick
- 2 Frösche (z.B. aus Holz)
- 2 Geldscheine

Flaschenverpackung

Schneiden Sie aus Naturpapier ein Rechteck zu, das ca. 3 cm breiter als der Flaschenumfang und 20 cm höher als die Flasche ist. Rollen Sie die Flasche darin ein. Am Flaschenboden legen Sie das Papier zur Mitte hin in kleine Falten und fixieren diese mit Klebeband. Evtl. überkleben Sie den Flaschenboden noch mit einem Papierkreis. Das oben überstehende Papier schlagen Sie nach hinten um und binden es mit einigen Bastfäden um den Flaschenhals. Mit diesen befestigen Sie auch die gebündelten Canna-Stäbe, den Hanf und die Textilblätter. Kleben Sie die Enden des Faserbandes 1 cm übereinander, drehen Sie die Seite mit den Nähten nach hinten und raffen Sie es in der Mitte. Befestigen Sie die so entstandene Schleife mit Bastfäden an der Flasche. Anschließend binden Sie sie zu einer Schnürsenkelschleife.

Material

- Naturpapier, grün
- Faserband, 10 cm breit, 30 cm lang, grün
- Bastfäden, grün
- Hanf, hell-natur
- Canna-Stäbe, grün
- Textilblätter, grün

Seerosen-Verpackung

Wickeln Sie Ihr Geschenk in Faserseide ein. Schließen Sie das Papier an zwei Seiten mit Bastfäden, die Sie zu Schnürsenkelschleifen binden. Schneiden Sie den Tonkarton so zu, dass er um das Geschenk passt, legen Sie ihn um das Geschenk und kleben Sie ihn 2 cm bis 3 cm überlappend zusammen. Fertigen Sie aus dem Gitterband und dem Bast eine Schleife (vgl. Seite 5) und kleben Sie diese zusammen mit den Bambusstäben, dem Hanf und der Seerose mit der Heißklebepistole auf das Päckchen.

Unsere Tipps

Falls Sie keine Seerose bekommen, nehmen Sie eine echte Rose, die Sie mit etwas Grün aufbinden (siehe Titel). Statt des bedruckten Tonkartons können Sie auch Wellpappe verwenden.

Material

- Faserseide, grün
- Tonkarton mit Schilfmatten-Motiv, grün
- Gitterband, 4,5 cm breit, grün
- Bastfäden, grün
- Hanf, grün
- Bambusstäbe, grün
- Seerose aus Kunststoff oder Textilmaterial, weiß-gelb

Rote Rosen

Weiße Blechdose

Wenn Sie keine fertige weiße Dose bekommen, können Sie beispielsweise eine Keksdose mit weißer Grundierfarbe für Metall anmalen. Evtl. müssen Sie die Farbe mehrfach aufbringen, damit sie vollständig deckt. Bringen Sie die Serviettenmotive wie hier Rosen und Efeu mit Serviettenkleber auf (vgl. Seite 7). Dabei können Sie auch die so genannten „Schattenmotive", die sich auf der zweiten Serviettenschicht befinden, verwenden. Lassen Sie alles gut trocknen und versiegeln Sie die Oberfläche der Dose mit Klarlack.

Kerze

Die Kerze arbeiten Sie mit speziellem Kerzenlack. Auf dem Bild können Sie gut erkennen, wie der Rand der Serviette, die komplett aufgebracht wurde, beim Abbrennen der Kerze stehen bleibt (z.B. mit Deko-Milch von Tobler Ideen).

Grüne Blechdose mit Rosendeckel

Bestreichen Sie den ganzen Deckel der Blechdose mit Serviettenkleber, lassen Sie ihn trocknen und streichen Sie ihn nochmals mit Serviettenkleber ein. Ist der Untergrund gut durchgetrocknet, bringen Sie

Material

- Große Blechdosen, farbig oder metall
- Ggf. Metallfarbe, weiß etc.
- Klarlack
- Tonkarton, Rest
- Servietten mit Rosenmotiven
- Kerze
- Kerzenkleber
- Stoffsäckchen
- Satinband, rot

die Serviette mit Serviettenkleber auf. Verwenden Sie eine ganze oberste Serviettenschicht, achten Sie aber darauf, dass die Dose nicht zu überladen wirkt. Ist das Motiv zu üppig oder unruhig, sollten Sie die Seitenteile der Dose einfarbig lassen.

Rosensäckchen

Orientieren Sie sich an der Anleitung für das Stoffsäckchen auf Seite 59.

Kleine Rosenschachtel

Bringen Sie die Serviette auf die fertige Schachtel auf. Da diese Schachtel komplett mit der Serviette beklebt wurde, ist es einfacher, mit dem Bügeleisen zu arbeiten und dafür den Serviettenkleber zum Aufbügeln zu verwenden (Mod Podge).

Geschenkanhänger

Hierfür können Sie beliebiges Papier (auch Reste) verwenden. Eine Rosenblüte wird grob aus der Serviette ausgeschnitten, mit Serviettenkleber auf das entsprechende Papier geklebt und dann genau an der Kontur ausgeschnitten. An den Anhänger können Sie ein passendes Satinband kleben.

Sterne und Herzen

Material

- Servietten mit Herz- und Sternmotiven
- Teilbare PVC-Kugel, ø 12 cm
- Acrylfarbe, rot und hellgelb
- Schleifenband, 5 cm breit, pro Kugel 50 cm lang, gold mit Sternenmuster
- Satinband, 0,5 cm breit, pro Kugel 1 m lang, weiß

Rote Geschenkkugel

Schneiden Sie die Motive aus der Serviette aus. Bestreichen Sie die Kugelhälften von innen mit Serviettenkleber, legen Sie die Motive auf den noch feuchten Kleber und streichen Sie sie vorsichtig fest (siehe auch Seite 7). Nach dem Trocknen hintermalen Sie nur die Motive mit hellgelber Acrylfarbe. Auch diese Farbe muss trocknen, bevor Sie die Kugelhälften vollständig mit roter Acrylfarbe ausmalen. Eine Schleife aus Schleifenband ziert die fertige Kugel. Das Satinband dient als Aufhängung. Auf dem Foto sind übrigens zwei Kugeln zu sehen. Eine ist geschlossen, die andere geöffnet.

CD-Verpackung

Schneiden Sie das rote Tonpapier nach Vorlage zu. Bestreichen Sie das Zeichenpapier mit Serviettenkleber, lassen Sie diesen antrocknen und bügeln Sie dann die oberste Lage der Serviette auf (vgl. Anleitung Seite 7). Schneiden Sie ein Herz und einen Stern aus, fixieren Sie die Motive auf dem roten Tonkarton und kleben Sie diesen so zusammen, dass er die CD-Verpackung bildet. Auf dem Foto ist die Verpackung übrigens einmal vor und einmal nach dem Zusammenkleben zu sehen.

Material

- Servietten mit Herz- und Sternmotiven
- Tonpapier in A4, rot
- Zeichenpapier in A4, weiß

Vorlagen Seite 106

Der Weihnachtsmann ist da!

Dosenset

Zuerst kleben Sie den größten Teil des Weihnachtsmann-Kopfs auf die kleine Schachtel (vgl. Anleitung Seite 7). Den Rest des Weihnachtsmann-Kopfs mit Bart kleben Sie auf den Deckelrand und den oberen Rand der mittleren Dose. Dann bemalen Sie die restliche Fläche der kleinen Dose samt Deckel mit blauer Acrylfarbe und nach dem Trocknen mit Glimmerfarbe.
Bei der mittleren Dose bemalen Sie die freien Flächen und den ganzen Deckel mit roter Farbe. Die Oberseite des Deckels und den Dosenrand der großen Dose bemalen Sie ebenfalls mit roter Acrylfarbe. Den Deckelrand der großen Dose bemalen Sie wie abgebildet mit weißer und schwarzer Acrylfarbe, so dass er wie der Gürtel des Weihnachtsmanns aussieht. Zuletzt kleben Sie die drei Knöpfe auf.

Material

- Servietten mit Weihnachtsmann-Kopf
- Pappdosen,
  ø 18 cm, 11 cm hoch (klein);
  ø 20 cm, 11 cm hoch (mittel);
  ø 24 cm, 13 cm hoch (groß)
- Acrylfarbe, rot, blau, schwarz und weiß
- Glimmerfarbe, gold
- 3 Knöpfe, ø 2,5 cm, schwarz-weiß

Kupferglanz

Kleine und große Faltschachteln

Die entsprechende Kartonschablone nach Vorlage anfertigen. Gepunktete Linien mit einer Nadel durchstechen. Beim Übertragen der Schablone auf die Rückseite der Wellpappe oder des Alu-Bastelkartons die perforierten Linien mithilfe eines spitzen Bleistifts markieren. Umrisse der Schachtel ausschneiden, alle Linien leicht anritzen und falten. Schachtel an der Seite sorgfältig zusammenkleben und schließen. Vorderseite mit gerissenem Alu-Bastelkarton und/oder schwarzer Wellpappe bekleben, anhand der Abbildung dekorieren.

Material

- 3D-Wellpappe in A3, weiß und schwarz
- Alu-Bastelkarton in A4, kupfer
- Deko-Faser, kupfer
- Kordel, 75 cm lang, rot
- Kleine Zweig
- Kleines Efeu blatt
- Kleine Glasbeeren
- Kleine Seidenrose
- Nadel

Vorlagen Seite 107

Blechdosen mit antikem Charme

Verzieren Sie jeweils den Deckel und den Dosenrand wie abgebildet mit den Serviettenmotiven (vgl. Seite 7).

Unser Tipp
Da diese Blechdosen nicht bemalt werden, wirken sie sehr natürlich und fast ein wenig wie antike Blechdosen!

Material

- Servietten mit nostalgischen Engelsmotiven
- Ovale Blechdose, 15 cm x 10 cm, 6,4 cm hoch
- Rechteckige Blechdose, 8,5 cm x 3,2 cm x 5,5 cm
- Blechdose für Stifte, 20 cm x 3 cm x 6 cm
- Herzdose aus Blech, 8 cm breit, 3 cm hoch
- Spardose aus Blech, 8 cm x 10 cm, 7 cm hoch

Herzdose mit Gewürzen

Um die Schachtel herum kleben Sie den Wellpappestreifen, über diesen Streifen die weiß-goldene Sisalkordel. Dann wird die goldene Borte an dem Deckelrand entlanggeführt und befestigt. An die Außenkante des Deckels kleben Sie den Kordelrest.

Material

- Borte, 1 cm breit, 0,4 m lang, gold
- Kordel, 1 m lang, weiß-gold
- Wellpappe, 33 cm x 2,5 cm, gold
- 1 vorgestanzter Stern aus goldener Wellpappe
- Sisalband, 6 cm x 5 cm, grün-gold
- Sternanis
- Limonenscheibe
- Nelken

Die Enden werden verknotet, damit die Kordel sich nicht aufdreht. Nun wird die Dose verziert. Dazu zuerst das kleine Stück Sisalband in die Mitte des Deckels setzen, dann den Stern und die Gewürze befestigen.

Wohl bekomm's!

(Abbildung Seite 75)

Sterntüte

Die Tüten nach der Vorlage zuschneiden. Eingezeichnete Linien auf der Wellpappenrückseite leicht anritzen. Krepp-Papier in kleine Falten legen und auf der schraffierten Fläche festkleben.
Tüte zusammenkleben, mit Süßigkeiten o.Ä. füllen und mit der naturgoldenen Kordel zubinden. Goldene Kordel einmal um das Krepp-Papier binden, um den ersten Stern schnüren (Stern auf Tüte kleben), dann um den zweiten Stern schnüren (Stern auf Tüte kleben) und das Kordelende knoten. Krepp-Papier am oberen Rand dekorativ auseinander ziehen. Tüte mit Holzwolle, Hobelspänen, Engelshaar und Seidenkiefer schmücken.

Material

- Wellpappe, natur
- Floristenkrepp oder Krepp-Papier, 25 cm x 50 cm, dunkelrot
- Kordel, 1 m lang, naturgold
- Kordel, 1,7 m lang, gold
- Holzwolle
- Hobelspäne
- Engelshaar
- 2 Sterne aus Bast
- Seidenkiefer

Vorlagen Seite 129

Unser Tipp

Sollten Sie im Handel keine Baststerne bekommen, fertigen Sie einfach Sterne aus Wellpappe oder Kork an (Motiv siehe Seite 106). Diese können auch mit Bast umwickelt werden.

Material

- Unterteil oder Deckel einer Spandose, ø 9 cm
- Wellpappe, 41,0 cm x 36,0 cm, natur
- Floristenkrepp oder Krepp-Papier 15 cm x 16 cm, dunkelrot
- Rupfenband, 12 cm breit
- Kordel, 1,30 m lang, dunkelrot
- Kordel, 1,30 m lang, natur-gold
- Kordel, 1,80 m lang, gold
- Holzwolle
- Hobelspäne
- Engelshaar
- Stern aus Bast
- Seidenkiefer

Flaschenverpackung

Das Wellpapperechteck um die Spandose kleben, am oberen Rand zusammenhalten und mit der Lochzange zwei Löcher anbringen. Zum Verschließen 50 cm Goldkordel durchziehen und auf der Rückseite zusammenbinden.
Rupfenband 2 cm übereinander kleben (Naht hinten). Das Krepp-Papier und den mit Goldkordel umwickelten Stern darüber legen. Mit der restlichen Goldkordel zusammenbinden, an der Verpackung befestigen und Kordel über dem Stern zur Schleife binden, Bandenden knoten.
Rote und natur-goldene Kordel um die Rupfenschleife legen und beliebig miteinander verknoten. Hinter der Schleife etwas Holzwolle, Hobelspäne, Engelshaar und Seidenkiefer anbringen.

Verpackungen für Süßigkeiten

Den Karton golden besprühen, die Terrakotta-Perlen auf das Holzstäbchen stecken und bemalen.
Die Tütenform abpausen und aus Karton zuschneiden. Die Sterne und die Herzen mit dem Cutter auf einer geeigneten Unterlage herausschneiden.
Die Form für die Klarsichtfolie abpausen und zuschneiden. Die Ausschnitte mit den Foliendreiecken auf der Innenseite hinterkleben. Die Tüte falzen und zusammenkleben.
Die vier Krepp-Papierstreifen von innen an die vier oberen Kanten kleben. Nach dem Füllen der Tüte die vier Streifen oben mit der Kordel zusammenbinden. An den Kordelenden die Perlen auffädeln und mit Knoten fixieren.

Material

- Fotokarton, 29,8 cm x 21 cm, schwarz
- Klarsichtfolie, 21 cm x 29,8 cm (DIN A4)
- Krepp-Papier, 4 x 16 cm x 12 cm, rot
- Goldspray
- Plaka-Farbe oder Terrakotta-Stift, gold
- Pinsel und Becher
- 3 Terrakotta-Perlen, ø 1,5 cm mit Loch
- Kordel, ø 3 mm, 50 cm lang, gold
- Holzstäbchen

Vorlagen Seite 104

Zum Aufwärmen

Flaschenverpackung

Aus schwarzer Wellpappe ein Rechteck zuschneiden, das 1 cm höher als die Flasche und 3 cm schmaler als der untere Flaschenumfang ist. Wellenverlauf beachten (siehe Abbildung)!
Linke und rechte Längskante je 2,5 cm nach innen falten und 1 cm von den Faltkanten entfernt mit der Lochzange Löcher anbringen.
Flasche in geknittertes Packpapier einpacken und mit Golddraht umwickeln. Schwarze Wellpappe um die Flasche stellen, unten beginnend kreuzweise mit der Kordel schnüren, oben mit einer Schleife abschließen.
An den mit Golddraht zusammengebundenen Zimtstangen die Orangenscheiben sowie die verdrahteten Nelken befestigen. Die Dekoration am oberen rechten Loch festbinden.

Material

- Wellpappe, 50 cm x 70 cm, schwarz
- Packpapier, großer Bogen, natur
- Naturkordel
- Golddraht
- 3 Zimtstangen
- 2 getrocknete Orangenscheiben
- Nelken

Unser Tipp
Diese Verpackungen empfehlen sich wärmstens zum Verschenken von Tee oder Zutaten für Grog, Punsch oder Glühwein.

(Fortsetzung auf Seite 78)

Rechteckige Verpackung

Ein Wellpapperechteck zuschneiden, das 2 cm länger als der Umfang der Schachtel ist. Wellenverlauf beachten (siehe Foto)! Schachtel mit Packpapier einpacken. Wellpappe um das Päckchen legen, dabei an jeder Längskante etwas knicken und auf der Rückseite zusammenkleben.
Für die Bastschleife den Bast mehrmals über vier Finger wickeln, abstreifen und in der Mitte abbinden. Geknittertes Packpapier, Zimtstangen mit angedrahteter Orangenscheibe und die Schleife durch mehrmaliges Umwickeln mit Golddraht und Bast auf dem Päckchen fixieren.

Material

- Wellpappe, 50 cm x 70 cm, schwarz
- Packpapier, natur
- Bast
- Golddraht
- 2 Zimtstangen
- Getrocknete Orangenscheibe

Kleine Tüte

Die Tüte nach der Anleitung (Seite 28) anfertigen und wie abgebildet dekorieren.
Bei den Arbeitsschritten folgende Maße einsetzen:
1) oben: 3 cm, rechts: 2 cm.
4a) 4 cm. 5) 3 cm.

Material

- Packpapier, 30 cm x 20 cm, natur
- Bast
- Schnur, schwarz
- Getrocknete Orangenscheibe
- 2 kleine Sterne

Weihnachtsklänge

Musikkassetten-Verpackung

Kassette in Notenpapier einpacken. Den Stern laut Vorlage zuschneiden. Linke und rechte Kante des roten Wellpapperechtecks drei Wellen nach innen falten und 0,5 cm von den Faltkanten entfernt mit der Lochzange je fünf Löcher anbringen.
Etwas Engelshaar auf das Notenpapier legen und das Päckchen mit 80 cm Goldkordel schnüren.
Das Musikinstrument mit der restlichen Kordel einknoten und mit einer Schleife schmücken. Den goldenen Wellpappestreifen (1,5 cm x 11,5 cm) und den kleinen Goldstern aufkleben.

Material

- Wellpappe, 11,5 cm x 18 cm, rot
- Wellpappe, Rest, gold
- Notengeschenkpapier
- Glanzkarton, Rest, gold
- Dünne Goldkordel, 1,30 m lang
- Engelshaar
- Kleines Deko-Musikinstrument

Vorlagen Seite 126

CD-Verpackung

Die CD in Notenpapier einpacken. Schneiden Sie die rote Wellpappe 15 cm x 26 cm groß zu, die goldene 1,5 cm x 15 cm groß, dazu die vier Sterne nach Vorlage. Linke und rechte Kante des roten Wellpapperechtecks drei Wellen nach innen falten und 0,5 cm von den Faltkanten entfernt mit

Material

- Wellpappe in A3, rot
- Wellpappe, Rest, gold
- Notengeschenkpapier
- Glanzkarton, Rest, gold
- Dünne Goldkordel, 1,50 m lang
- Engelshaar
- Kleines Deko-Musikinstrument

Vorlagen Seite 126

der Lochzange je vier Löcher anbringen. Etwas Engelshaar auf das Notenpapier legen und das Päckchen mit 90 cm Goldkordel schnüren. Musikinstrument mit restlicher Kordel einknoten und mit einer Schleife schmücken. Der goldene Wellpappestreifen und die vier Goldsterne werden zuletzt aufgeklebt.

Flötenverpackung

Das Flötenetui in Notenpapier einpacken. Die 9 cm langen Kanten des roten Wellpapperechtecks jeweils drei Wellenlinien nach innen falten und 0,7 cm von den Faltkanten entfernt mit der Lochzange je vier Löcher anbringen. Etwas Engelshaar auf das Notenpapier legen und das Päckchen mit 1,80 m Goldkordel verschnüren. Den goldenen Wellpappestreifen (1,5 cm x 9 cm groß) und die drei Goldsterne aufkleben.

Für den Geschenkanhänger eine passende Einlage aus Notenpapier zuschneiden. Diese mit der restlichen Kordel einknoten und mit einer Schleife an die Schnürung binden.

Unser Tipp
Die in Notenpapier verpackten Geschenke können leicht aus der Wellpappenhülle herauszogen werden. So bleibt die Dekoration erhalten und kann wieder verwendet werden.

Material
- Wellpappe, 9 cm x 49 cm, rot
- Wellpappe, Rest, gold
- Notengeschenkpapier
- Glanzkarton in A4, gold
- Dünne Goldkordel
- Engelshaar
- Geschenkanhänger, gold (Fachhandel)

Vorlagen Seite 126

Geschenkverpackungen in Blau

Ein Spiel für Lukas

Die Spieleschachtel genau wie das Buch in Packpapier einschlagen. Die Terrakotta-Teile, den Holzzweig, die Bastfäden und die Verpackung golden besprühen.
In die Lasche zwei Löcher im Abstand von 1 cm nebeneinander bohren, die Bastfäden durchziehen. Den Zweig in der Mitte schräg einlegen und den Bast zu einer Schleife binden. An den Enden den Stern und den Mond aufhängen, mit einem Knoten fixieren.

Material

- Pack- oder Natronpapier, blau
- Terrakotta-Teile mit Loch: Stern und Mond, ca. 5 cm x 5 cm (Spiel)
- 3 Zahnstocher
- Acrylfarbe, gold, Pinsel
- Holzzweig, 18 cm lang
- Naturbast: 10 Fäden, 50 cm lang (Buch); 10 Fäden, 1 m lang
- Goldspray
- Terrakotta-Ton
- Ausstechformen

Ein Buch für Mark

Rollen Sie den Terrakotta-Ton aus und stechen Sie die Formen aus. In die Terrakotta-Teile im noch feuchten Zustand mit einem Zahnstocher je ein 1 cm tiefes Loch bohren. Die Teile, die Bastfäden und die Zahnstocher golden besprühen.
Das Geschenk in das Packpapier einschlagen, unten festkleben, oben das Papier ca. 18 cm überstehen lassen, an beiden Seiten gerade zusammenfalten. Alle Seiten mit Gold besprühen und trocknen lassen.
Das oben überstehende Papier zweimal mit je 6 cm Abstand umknicken, so dass eine 6 cm hohe Lasche entsteht. Die Bastfäden in den Knick legen und die Lasche festkleben.
Für die drei Zahnstocher in der Mitte der Lasche mit einer Scherenspitze je zwei Löcher in 3 cm Abstand übereinander bohren, die Zahnstocher dort durchstecken und die Terrakotta-Teile mit Klebstoff darauf setzen. Das Geschenk mit einem Pinsel beschriften.

Weihnachten in Blau-Silber

Schuhschachtel

Bekleben Sie eine kleine Schuhschachtel (Kinderschuhe) außen mit einer Serviette, die es in verschiedenen Farbausführungen gibt. Verwenden Sie für den Deckel und für das Schachtelunterteil je einen anderen Farbton. Arbeiten Sie die Schachtel wie auf Seite 7 beschrieben.

Material

- Kleine Schuhschachtel
- Servietten mit Sternen-Motiv, blau-silber
- Papiertasche, weiß
- Glitzerfarbe
- Chiffonband, weiß mit Sternchen
- Ringelband, gold
- Klebesternchen
- Passepartout-Karte

Papiertasche

Die Papiertasche, die es fertig zu kaufen gibt, wird mit verschiedenen Serviettenmotiven beklebt (siehe Seite 7) und mit passenden Schleifen, Glitzerfarben und Sternchen versehen.

Karten

Arbeiten Sie die Karte nach der Abbildung und wie auf Seite 7 beschrieben. Als Umrandung des Motivs wird eine Linie mit Glitzerfarbe gezogen.

Frohe Weihnachten
Frohe Weihnachten
Frohe Weihnachten
Frohe Weihnachten
Frohe Weihnachten
Frohe Weihnachten

Päckchen mit Krawatte

Verpacken Sie Ihr Geschenk in das Natronpapier und zwar so, dass die goldene Seite nach außen zeigt. Schneiden Sie das Papier für die Krawatte zurecht und falten Sie es dann wie in der Anleitung erklärt zusammen. Legen Sie den Krawattenknoten um die Krawatte und kleben Sie ihn auf deren Rückseite fest. Die fertige Krawatte fixieren Sie mit doppelseitigem Klebeband auf dem Päckchen. Zum Schluss verzieren Sie die Krawatte mit den ausgestanzten Gold- und Silbersternen und den Klebeschriftzügen.

Krawatte falten

1. Falten Sie zuerst die kurzen Seiten an der Spitze nach hinten.
2. Dann erst falten Sie die Längskanten nach hinten um.

Krawattenknoten falten

1. Zuerst falten Sie die Längskanten nach hinten um.
2. Anschließend falten Sie die Seitenkanten ebenfalls nach hinten um.

Material

- Zweifarbiges Natronpapier, gold/rot
- Geschenkpapier (Natronpapier), Rest, silber
- Motivlocher „Stern"
- Klebeschriftzüge „Frohe Weihnachten", gold

„Handtaschen"-Päckchen

Zuerst packen Sie das Geschenk in das Natronpapier ein und zwar so, dass die rote Seite nach außen zeigt. Nun schneiden Sie einen Papierstreifen für den Taschengriff zu. Falten Sie das Papier doppelt oder dreifach, damit der Griff stabil wird und befestigen Sie den fertigen Griff mit doppelseitigem Klebeband an dem Päckchen. Für die Gestaltung der Taschenvorderseite verwenden Sie zwei Natronpapierstücke, die Sie so falten, dass sich goldene und rote Flächen beliebig abwechseln. Vor dem Falten stanzen Sie mit dem Motivlocher entlang einer Kante Sternchen aus und unterlegen diese mit dem silbernen Papier. Legen Sie die fertigen Dekostreifen um das Päckchen und fixieren Sie sie auf der Rückseite mit Klebeband. Schieben Sie in eine Faltkante etwas Flower Hair, kleben Sie den Klebeschriftzug auf den Umschlag und stecken Sie diesen vorne in eine Faltkante.

Material

- Zweifarbiges Natronpapier, gold/rot
- Geschenkpapier (Natronpapier), Rest, silber
- Motivlocher „Stern"
- Kleiner Briefumschlag, gold
- Klebeschriftzug „Frohe Weihnachten", silber
- Flower Hair, gold

Päckchen mit Perlenkette

Zuerst packen Sie das Geschenk in das Natronpapier ein und zwar so, dass die rote Seite nach außen zeigt. Danach schneiden Sie das Papier für den Kragen zu. Dieses sollte doppelt so breit wie der fertige Kragen sein und so lang, dass es um das Päckchen herum zur vorderen Mitte reicht. Falten Sie die Längskanten des Streifens zur hinteren Mitte um und legen Sie den zusammengefalteten Streifen schräg um das Päckchen. Falten Sie dabei ein Ende des Papierstreifens so um das andere Ende, dass eine Spitze entsteht. Fixieren Sie den Kragen mit doppelseitigem Klebeband. Verbinden Sie die Enden der Perlenkette mit einem Stück Golddraht, legen Sie dem Päckchen die Kette um und befestigen Sie sie mit etwas Kraft- oder Heißkleber auf dem Päckchen. Zum Schluss schmücken Sie den Kragen mit einer Schleife. Stechen Sie dafür mit einer dicken Nadel oder einer Lochzange vorne zwei 0,5 cm untereinander liegende Löcher in den Kragen, ziehen Sie ein kleines Stück Golddraht durch, legen Sie das Band zu einer einfachen Kragenschleife und befestigen Sie sie mit dem Draht.

Material

- Zweifarbiges Natronpapier, gold/rot
- Chiffonband, 4 cm breit, rot mit aufgedruckten Sternen
- Perlenband, weiß
- Dünner Golddraht

Süßes für Genießer

Dose mit Geschenkanhänger

Dosenunterteil und Deckelrand außen golden ansprühen. Strohseide und Wellpappe auf die Deckelfläche kleben. Tannenzweig, Engelshaar und Rose auf der Wellpappe fixieren (siehe Abbildung). Für den Geschenkanhänger aus Tonkarton ein 7 cm x 10 cm großes Rechteck zuschneiden, dieses in der Mitte falten und mit Wellpappe, Efeublatt und Engelshaar dekorieren (siehe Abbildung). Den Geschenkanhänger mit Goldkordel um die Rose binden.

Material

- Ovale Spandose, ø 15 cm
- 3D-Wellpappe, gold
- Strohseide, natur
- Geprägter oder einfacher Tonkarton in A4, beige
- Dünne Goldkordel, 45 cm lang
- Engelshaar
- Seidenrose
- Tannenzweig
- Efeublatt
- Goldspray

Päckchen mit Rosen

Die Süßigkeiten in Strohseide einpacken. Entsprechend der Päckchengröße aus Wellpappe ein Rechteck zuschneiden, das 2 cm länger als der Päckchenumfang ist. Wellenverlauf beachten (siehe Abbildung). An zuvor markierter Stelle ein Oval (Vorlage) aus der Wellpappe schneiden.
Das Rechteck um das Päckchen legen, dabei an jeder Längskante etwas knicken und auf der Rückseite zusammenkleben. Tannenzweig, Efeublätter, Engelshaar und Rosen etwas unter den ovalen Ausschnitt schieben und mit Golddraht an die Wellpappe heften.
Drahtenden etwas länger lassen, um einen Bleistift wickeln und die so entstandene Spirale dekorativ auseinander ziehen.

Material

- Wellpappe, natur
- Strohseide, natur
- Engelshaar
- Seidenrosen
- Efeublätter
- Tannenzweig
- Nähnadel
- Feiner Golddraht

Vorlagen Seite 104

Päckchen mit Schleife

Alle Süßigkeiten in Strohseide einpacken. Entsprechend der Päckchengröße aus naturfarbener Wellpappe ein Rechteck zuschneiden (Wellenverlauf beachten), das von der rechten Vorderkante um das Päckchen herum bis zur vorderen Mitte reicht (siehe Abbildung).
Aus goldener Wellpappe einen Streifen zuschneiden, der 2 cm länger als der Päckchenumfang ist. Zuerst das Rechteck, dann den Streifen um das Päckchen legen. Den Streifen auf der Rückseite zusammenkleben. Aus Band und Golddraht eine Schleife anfertigen und mit Engelshaar schmücken. Tannenzweig, Efeublätter und Schleife mit Golddraht auf den goldenen Wellpappestreifen heften. Die Drahtenden lassen Sie etwas länger, wickeln sie um einen Bleistift und ziehen die so entstandene Spirale dekorativ auseinander.

Material

- Wellpappe, natur und gold
- Strohseide, natur
- Band aus Maulbeerseide
- Engelshaar
- Efeublätter
- Tannenzweig
- Feiner Golddraht
- Nähnadel

Weihnachtstüten

(Abbildung Seite 87)

Beachten Sie die allgemeinen Hinweise auf Seite 6f.

Tüte mit Ilexzweigen

Das Serviettenmotiv auf das Zeichenpapier aufkleben, ausschneiden und auf die Tüte kleben. In den Tütenrand Löcher bohren und die Kordel hindurchziehen.

Material

- Servietten mit dem Motiv Ilexzweige
- Papiertüte, 32 cm x 45 cm x 16 cm
- Zeichenpapier in A3, weiß
- Kordel, 1 cm stark, 1 m lang, rot

Tüte mit Notenblatt

Das Serviettenmotiv auf Zeichenpapier aufkleben, ausschneiden und auf die Tüte kleben. Zum Schluss eine Schleife aus Naturbast an den Henkel der Tragetasche binden.

Material

- Servietten mit dem Motiv Notenblätter und Ilexzweige
- Papiertragetasche, 22 cm x 28 cm x 14 cm
- Zeichenpapier in A3, weiß
- Naturbast, 50 cm lang

Tüte „Noël"

Das Serviettenmotiv auf das Zeichenpapier aufkleben, ausschneiden und auf die Tüte kleben. Löcher in den Tütenrand bohren, das Geschenkband durchziehen und zu Schleifen binden.

Material

- Servietten mit dem Schriftzug „Noël" und dem Motiv Nikolausmützen
- Papiertüte, 20 cm x 34 cm
- Zeichenpapier in A3, weiß
- Geschenkband, 1 cm breit, 1,5 m lang, grün

Unser Tipp

Sie können für diese Weihnachtstüten auch Einkaufstüten mit Aufdruck verwenden, da dieser durch das mit Zeichenpapier hinterklebte Serviettenmotiv verdeckt wird.

Tüte mit Teddy

Das Serviettenmotiv auf das Zeichenpapier aufkleben, ausschneiden und unten auf die Tüte kleben. Den oberen Teil der Tüte, auf dem kein Serviettenmotiv ist, abschneiden. Die Tüte mit Geschenkband zusammenbinden, indem Sie Löcher in die Tüte bohren und das Geschenkband hindurchziehen. Zum Schluss den Holzteddy an die Schleife binden.

Material

- Servietten mit dem Motiv Weihnachtsteddy
- Papiertüte, 32 cm x 45 cm x 14 cm
- Zeichenpapier in A3, weiß
- Geschenkband, 2,5 cm breit, 1 m lang, rot
- Holzteddy, 10 cm groß

Plätzchen-Tüte

Das Serviettenmotiv auf das Zeichenpapier aufkleben, ausschneiden und auf die Tüte kleben. Die Tüte mit der Kordel zusammenbinden.

Material

- Servietten mit dem Motiv Weihnachtsbäckereien
- Papiertüte, 20 cm x 34 cm
- Zeichenpapier in A3, weiß
- Kordel, 1 cm stark, 70 cm lang, elfenbein

NOËL

Für kleine Leute

Kartoffeldruck

Eine kinderleichte, schnelle Art, Papier weihnachtlich zu gestalten, ist der Kartoffeldruck.

Material

- Packpapier
- Kartoffeln
- Ausstechformen
- Spitzes Messer
- Wasser- oder Pla katfarbe
- Pinsel

Vorlagen Seite 106

So wird's gemacht
Eine ausreichend große Kartoffel halbieren, Ausstechförmchen in die Kartoffel drücken und mit einem spitzen Messer umfahren. (Alternativ können Sie auch eine Vorlage von Seite 106 auf die Kartoffel übertragen und „ausschneiden".) Den Stempel mit Wasser- oder Plakatfarben gleichmäßig einstreichen. Erst einen Probedruck anfertigen, dann Packpapier nach Wunsch bedrucken.

Geschenktüte

Ein 36 cm x 59 cm großes Rechteck (Querformat) aus Packpapier zuschneiden.
Nach Anleitung (Seite 28) eine Tüte anfertigen. Dabei folgende Maße beachten:
1) oben: 3 cm, rechts: 3 cm. 4a) 4 cm. 5) 4 cm.

Material

- Wellpappe in Grün
- Bedrucktes Packpapier
- 1,50 m Kordel in Natur
- 60 cm Bast

Vorlagen Seite 106

Für den Geschenkanhänger aus grüner Wellpappe und dem Packpapier jeweils ein 10 cm x 14 cm großes Rechteck zuschneiden. Beide längs in der Mitte falten. Auf der Vorderseite der Wellpappe ein Rechteck von 4 cm x 7 cm ausschneiden und Packpapier einkleben. Geschenkanhänger mit Bast anbinden.

Spielzeugeimer

Eine Waschmitteltrommel o.Ä. ringsum mit blauer Wellpappe verkleiden. Mit den nach Vorlage angefertigten Bärchen und Herzen aus Tonkarton dekorieren. Auf den Deckel einen Kreis aus roter Wellpappe kleben.

Material

- Wellpappe, rot und blau
- Tonkarton, beige, braun und rot
- Beliebiges Papier für die Schleifen der Bären

Vorlagen Seite 106

Material

- Bedrucktes Packpapier
- Maulbeerseidenband, blau, rot und grün (Länge je nach Größe des Geschenks)
- Bast

Vorlagen Seite 106

Päckchen mit Schleife

Geschenk einpacken. Rotes und blaues Band um das Päckchen legen und auf der Rückseite zusammenkleben. Mit dem grünen Band eine einfache Schleife legen (Seite 5). Diese mit einer Schnürsenkelschleife aus Bast zusammenbinden und am roten und blauen Band befestigen. Bastenden mehrmals verknoten.

„Eingetopfte" Geschenke

(Abbildung Seite 90)

Die Terrakotta-Accessoires einen Tag vorher ausstechen. Bei den Motiven für die Serviettenringe noch im feuchten Zustand z.B. mit einem Wasserflaschenverschluss ein Loch mittig ausstechen, aus den Tonresten kleine Kugeln formen. Nach dem Trocknen alles golden bemalen, die Töpfe und die Kerze nur teilweise besprühen.

Material

- Tontopf mit Untersetzer, ø 11 cm und ø 7 cm
- Terrakotta-Ton und Ausstechformen für 2 Sterne und Komet (ca. 3 cm x 3 cm), 2 Perlen (ø 1,5 cm) mit Loch, 1 Perle (ø 7 mm), Serviettenringe: Mond und Tanne (ca. 6 cm x 7 cm)
- Goldspray
- Acrylfarbe, gold
- Pinsel und Becher
- Bast, rot
- Juteband, 8 cm breit, 12 cm lang, dunkelgrün
- Kerze, ø 6 cm, 15 cm hoch
- Tannenzweige
- Sand oder Hartschaum
- 3 Zahnstocher
- Wickeldraht
- Dicke Stopfnadel

Kleiner Geschenktopf

Den Tontopf mit dem Untersetzer abdecken (siehe Foto). Legen Sie je zwei rote Bastfäden, ca. 50 cm lang, über Kreuz und stellen Sie den Tontopf auf den Kreuzungspunkt. Nun binden Sie den Bast oben zusammen, legen in die Mitte einen 8 cm x 6 cm großen Juteband-Streifen und binden eine Schleife. Das Terrakotta-Teil in der Schleifenmitte aufkleben. Um ein Geschenk in den Topf zu legen, kann man das ganze Gebinde seitlich abnehmen und wieder aufsetzen.

Kerzengesteck

Den großen Topf mit Sand oder Hartschaum bis zum unteren Kantenrand füllen. Mit einer dicken Nadel drei Löcher ca. 1 cm tief in die Kerze bohren und dort die drei Zahnstocher hineindrücken. Die Kerze im Sand fixieren. Einige Tannenzweige, ca. 15 cm lang, um die Kerze in den Topf legen und mit 6 cm langen, in der Mitte zusammengelegten Wickeldraht-Abschnitten die Zweige im Sand befestigen.
Zwei größere Perlen auch auf so ein Drahtstückchen auffädeln, den Draht unten verdrehen und die Perlen zwischen die Zweige stecken.
Den Stern auf die Zweige kleben. Fünf ca. 50 cm lange rote Bastfäden zuschneiden, um die obere Topfkante wickeln und zusammenbinden. Einen Streifen Juteband, 8 cm x 6 cm, in die Mitte legen und den Bast zur Schleife binden. Das Terrakotta-Teil darauf kleben, zuletzt die kleine Perle anbringen.

Unser Tipp
Mit einem Namensschild versehen, ergeben solche Töpfchen unkonventionelle „Tischkärtchen".

Geschenkkärtchen

Den Karton zuschneiden und in der Mitte falzen, so dass jeweils ein Kärtchen, 6 cm x 8 cm, entsteht. Die Ränder mit der Wellen- oder der Zackenschere nachschneiden und golden besprühen. Die Ausschnitte Tanne, Komet und Glocke abpausen, auf die Vorderseite des jeweiligen Kärtchens übertragen und mit dem Schneidemesser auf einer geeigneten Unterlage herausschneiden. Die Terrakotta-Teile (vgl. Seite 89) jeweils in die Mitte des Ausschnitts kleben.

Bei der Glocke die Kordel mit etwas Klebstoff in das Loch drücken und eine Schleife binden. Bei der Tanne das Loch auch durch die Rückwand des Kärtchens bohren, die Kordel durchziehen und wie auf dem Foto zusammenbinden. Beim großen Stern die rote Kordel um das Kärtchen legen, den Stern aufhängen und einen Knoten binden. Überall die Kordelenden abknoten.
Beim Kometen die Bastfäden um die Karte legen und zu einer Schleife binden. Bei den zwei Sternen den Bast mit Golddraht oben in der Mitte zu einer Schleife binden.

Material

- Fotokarton, je 12 cm x 8 cm, weiß, schwarz, grün, rot und blau
- Je 4 Bastfäden, 30 cm lang, hellgrün und rot, 15 cm lang, dunkelgrün
- Kordel, ø 3 mm, 25 cm lang, rot
- Kordel, ø 3 mm, 16 cm und 10 cm lang, gold
- Terrakotta-Ton und Ausstechformen für Komet, Stern, Glocke und Tanne (ca. 2 cm x 3 cm) sowie großen Stern (ca. 4 cm x 4 cm), die drei letzten mit Loch
- Goldspray
- Acrylfarbe, gold
- Pinsel und Becher
- Wellen- und Zackenschere

Vorlagen Seite 110

Merry Christmas

Beachten Sie auch die Hinweise auf Seite 6f.

Große Flaschenverpackung

Schneiden Sie den Fotokarton laut Vorlage zu. Knicken Sie ihn in der Mitte um und schneiden Sie ihn an den gestrichelten Linien ein. Bei den Kreuzchen muss der Fotokarton gelocht werden. Kleben Sie dann das Serviettenmotiv auf Zeichenpapier auf, schneiden Sie es aus und kleben Sie es auf die Vorderseite der Flaschenverpackung. Stülpen Sie die Verpackung über die Flasche, ziehen Sie das Schleifenband durch die Löcher und binden Sie die Verpackung seitlich mit zwei Schleifen zusammen.

Material

- Servietten mit dem Motiv Weihnachtsstern
- Fotokarton, 50 cm x 70 cm, grün
- Zeichenpapier in A4, weiß
- Schleifenband, 1 cm breit, 1,5 m lang, rot

Vorlagen Seite 132

Kleine Flaschenverpackung

Den Fotokarton mithilfe der Vorlage zuschneiden. Knicken Sie ihn in der Mitte um und schneiden Sie ihn an den gestrichelten Linien ein. Bei den Kreuzchen muss der Fotokarton gelocht werden. Das Serviettenmotiv auf das Zeichenpapier kleben, ausschneiden und auf die Vorderseite der Flaschenverpackung kleben. Die Aufkleber anbringen, die Verpackung über die Flasche stülpen, das Schleifenband durch die Löcher ziehen und die Verpackung seitlich mit zwei Schleifen zusammenbinden.

Material

- Servietten mit Glocken-Motiv
- Fotokarton, 50 cm x 70 cm, grün
- Zeichenpapier in A4, weiß
- Schleifenband, 1 cm breit, 1,5 m lang, rot
- Selbstklebender Schriftzug „Merry Christmas", gold
- Aufkleber, rot mit Sternenmotiv

Vorlagen Seite 132

Weihnachtsdose mit Herz

Den Dosendeckel mit elfenbeinfarbener und den Deckelrand mit grüner Acrylfarbe bemalen. Aus der Serviette ein Ilexherz ausschneiden und in die Deckelmitte kleben. Den Rest der Dose vollständig mit dem Serviettenmotiv bekleben.
Die Ilexgirlande halbieren und aus jedem Stück ein Herz formen.
Dann das Satinband um die Dose binden und die Ilexherzen an die Bandenden knoten.

Material

- Servietten mit dem Motiv Ilexherz
- Pappdose, ø 20 cm, 8 cm hoch
- Acrylfarbe, grün und elfenbein
- Satinband, 0,5 cm breit, 2 m lang, rot
- Ilexgirlande, 1 m lang

Weihnachtsstern-Dose

Den Dosendeckel mit goldener und den Rand des Dosendeckels und die Dose selbst mit grüner Acrylfarbe bemalen. Schneiden Sie eine Weihnachtssternblüte aus der Serviette aus und bringen Sie sie auf der Mitte des Dosendeckels auf. Arbeiten Sie mithilfe der Modelliermasse anschließend die roten Blütenblätter plastisch hervor (siehe Anleitung auf Seite 7). Zuletzt überziehen Sie das Weihnachtsstern-Motiv und die Dose selbst mit Glimmerfarbe.

Material Weihnachtsstern-Dose

- Servietten mit dem Motiv Weihnachtsstern
- Pappdose, ø 20 cm, 8 cm hoch
- Acrylfarbe, gold und grün
- Glimmerfarbe, gold
- Modelliermasse

Material
- Tonkarton in A4, weiß
- Servietten mit Bärenmotiven
- Papiertüte, weiß
- Acrylfarbe, weiß, blau und schwarz
- Holz-Bilderrahmen, Größe beliebig
- Bienenwachs-Stern
- Sterne, selbstklebend, gold

Bärige Weihnachten

Beachten Sie die Hinweise auf Seite 6f.

Papiertasche

Die Papiertasche, die es fertig zu kaufen gibt, wird mit verschiedenen Serviettenmotiven beklebt und mit Sternchen versehen. Den Bienenwachs-Stern befestigen Sie am Henkel.

Karte

Die Karte wird wie auf Seite 7 beschrieben gearbeitet. Zum Schluss wird mit einem Pinsel vorsichtig Glitzerfarbe aufgetupft.

Bilderrahmen

Grundieren Sie den abgeschmirgelten Holzrahmen, der in der Größe zum Motiv passen soll, an den Stellen weiß, wo später die ausgeschnittenen Sterne und Bärenfüße aufgebracht werden sollen. Nachdem die Farbe getrocknet ist, bringen Sie die aus der Serviette geschnittenen Bärenfüße und Sterne auf. Der restliche Rahmen wird mit dunkelblauer Farbe grundiert. Nach dem Trocknen der dunkelblauen Farbe wird mit einem fast trockenen Pinsel und schwarzer Farbe nochmals über den Rahmen getupft. Achten Sie darauf, dass Sie dabei die Sterne aussparen. Die Bären-Serviette wurde mit Serviettenkleber auf weißen Karton geklebt und in den Rahmen eingepasst.

Material

- Geschenkpapier mit Weihnachtsdekor
- Doppelseitiges Klebeband
- Ausstechformen (z.B. Stern oder Tanne)
- Bast
- Lufttrocknender Ton
- Well- oder Nudelholz

Es weihnachtet sehr

Rollen Sie den lufttrocknenden Ton ca. 3 mm stark aus und stechen Sie mit den Förmchen Sterne oder Tannen aus. Machen Sie mit der Spitze einer Schere Löcher in die Sterne bzw. Tannen und lassen Sie diese trocknen. Knoten Sie die ausgestochenen Tonteile und die Ausstechformen jeweils an einen Bastfaden. Packen Sie Ihr Geschenk in Papier mit passendem Weihnachtsdekor. Binden Sie den Bast mehrfach über Kreuz um das Paket. Jeder Stern bzw. jede Tanne wird jetzt mit dem Bastfaden von der Mitte aus rechts und links an den Bastfäden befestigt. Die Ausstechformen werden in der Mitte des Päckchens angebunden.

Schachteln für Weihnachts-knabbereien

Häuschen

Den Karton golden besprühen, den Efeuzweig und die Terrakotta-Teile golden bemalen (vgl. Seite 89).
Die Tütenform abpausen und aus Karton zuschneiden. Die Fenster mit dem Schneidemesser auf einer geeigneten Unterlage ausschneiden und mit den Folienstreifen auf der Innenseite hinterkleben. Die Tüte falzen und zusammenkleben. An den markierten Stellen mit der Scherenspitze vorsichtig Löcher bohren, dort die Bastfäden durchziehen.
Das Häuschen füllen, den Efeuzweig auflegen und den Bast zu einer Schleife binden. Die Terrakotta-Teile von beiden Seiten auf das Dach kleben.

Material

- Fotokarton, 47 cm x 50 cm, rot
- Klarsichtfolie, 2 x 10 cm x 7 cm
- Goldspray
- Plakafarbe oder Terrakotta-Stift, gold
- Pinsel und Becher
- Efeuzweig, ca. 15 cm lang
- Terrakotta-Teile Blume und Ste (3 cm x 2 cm)
- Bast, dunkelgrün

Vorlagen Seite 127

Tannenschachtel

Den Karton golden besprühen. Die Perlen auf dem Holzstäbchen bemalen (vgl. Seite 89).
Die Vorlage abpausen und aus Karton zuschneiden. Die Tannen mit dem Schneidemesser auf einer geeigneten Unterlage ausschneiden und mit den Folienstreifen auf der Innenseite hinterkleben. Erst jetzt die Schachtel falzen und zusammenkleben. Auf der Innenseite in die vier oberen Schachtelecken je ein Papierschleifenband, etwa 3 cm tief, einkleben. Die Schachtel füllen, schließen und die Papierschleifenbänder oben zu einer Schleife zusammenbinden. Die Terrakotta-Perlen auf zwei Bandenden fädeln und mit Knoten fixieren.

Material

- Fotokarton, 34 cm x 34 cm, dunkelgrün
- Klarsichtfolie, 2 x 10,5 cm x 7,5 cm
- 4 Papierschleifenbänder, 5 mm breit, 50 cm lang, rot
- 2 Terrakotta-Perlen (ø 1,5 cm) mit Loch
- Goldspray
- Plaka-Farbe oder Terrakotta-Stift, gold
- Pinsel und Becher
- Holzstäbchen

Vorlagen Seite 126

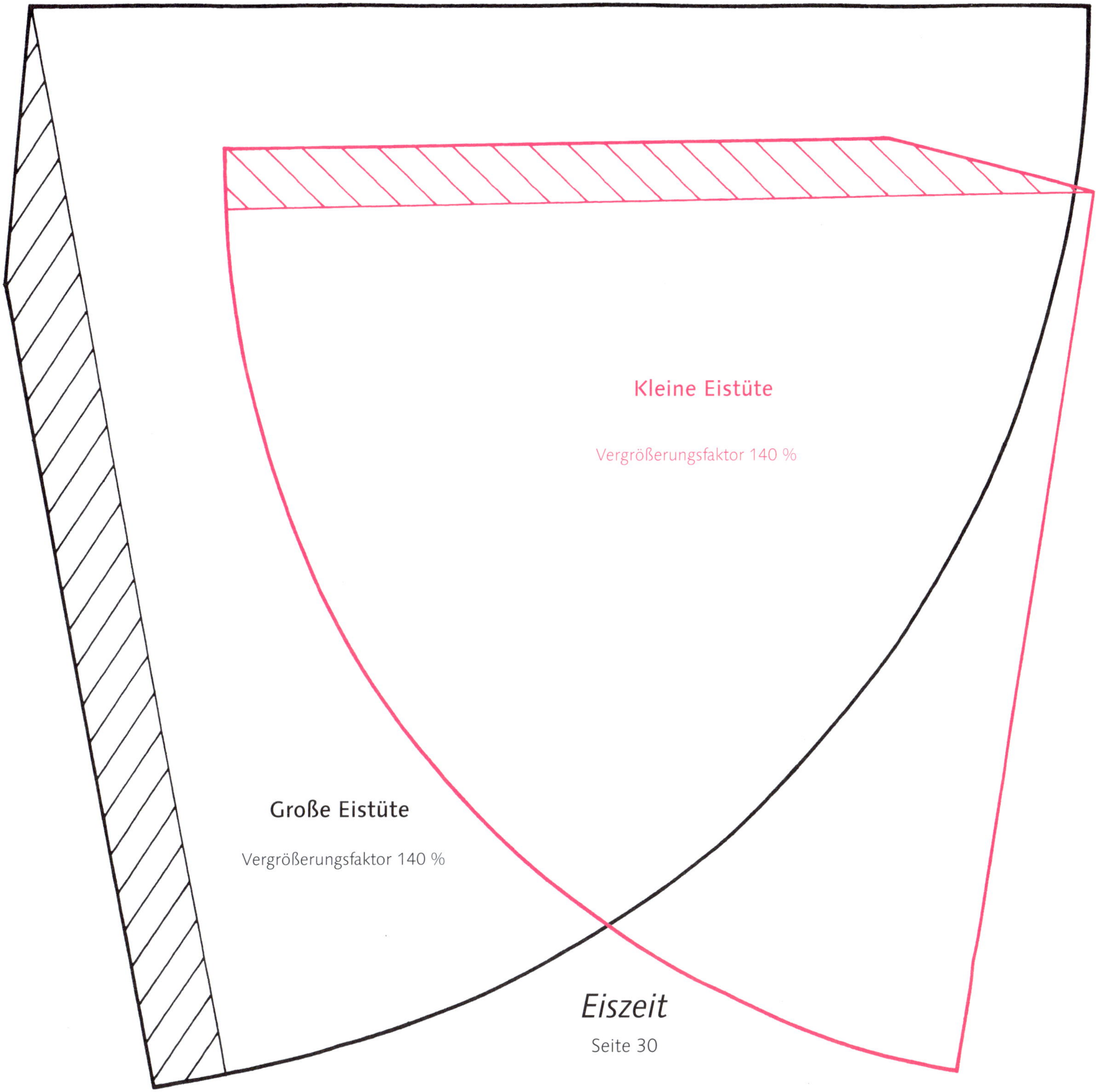

Eiszeit

Seite 30

Alles Liebe

Tüte mit Regenbogenherzen

Seite 29

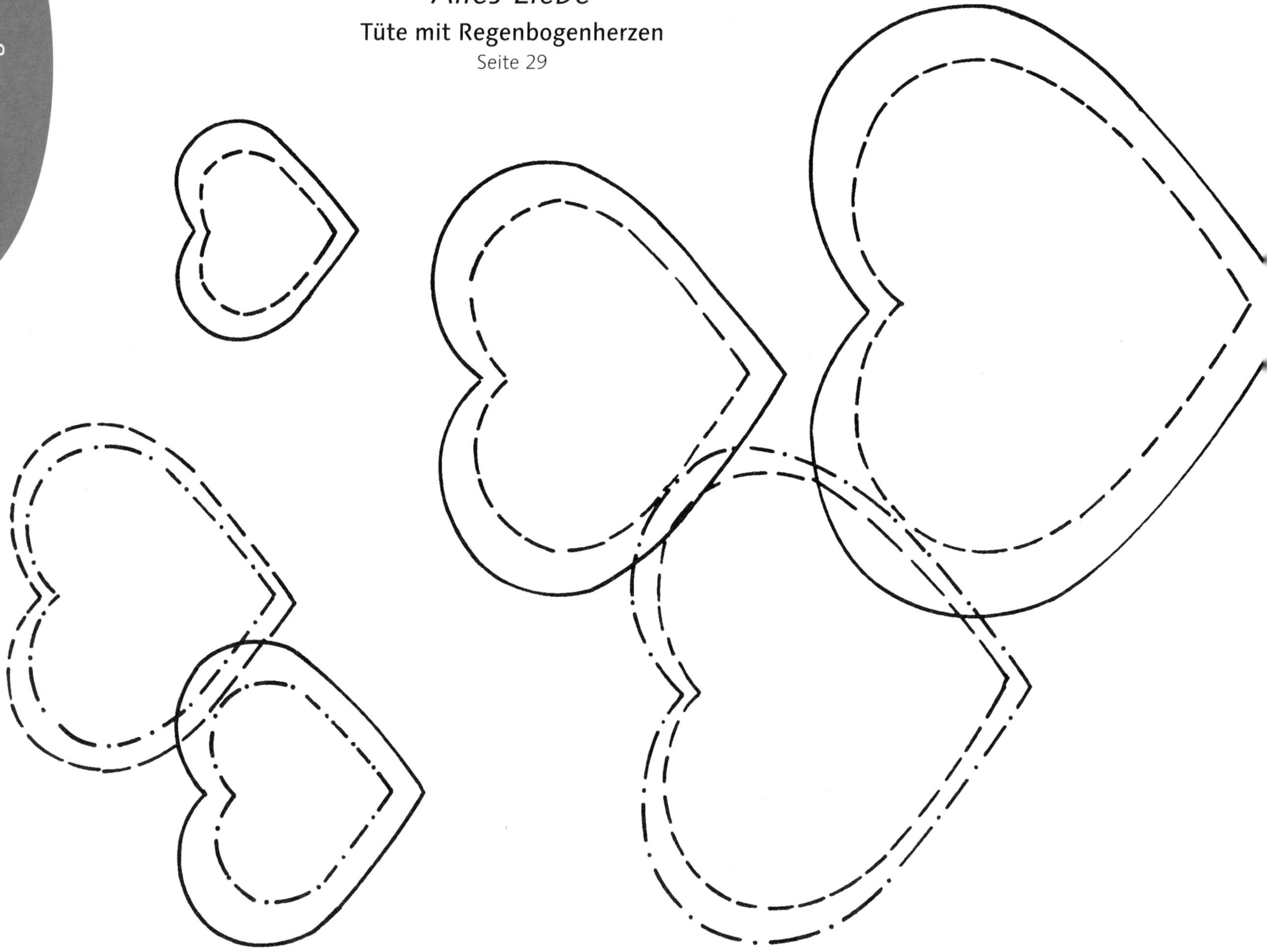

Alles Liebe

Tüte mit roter Schleife

Seite 29

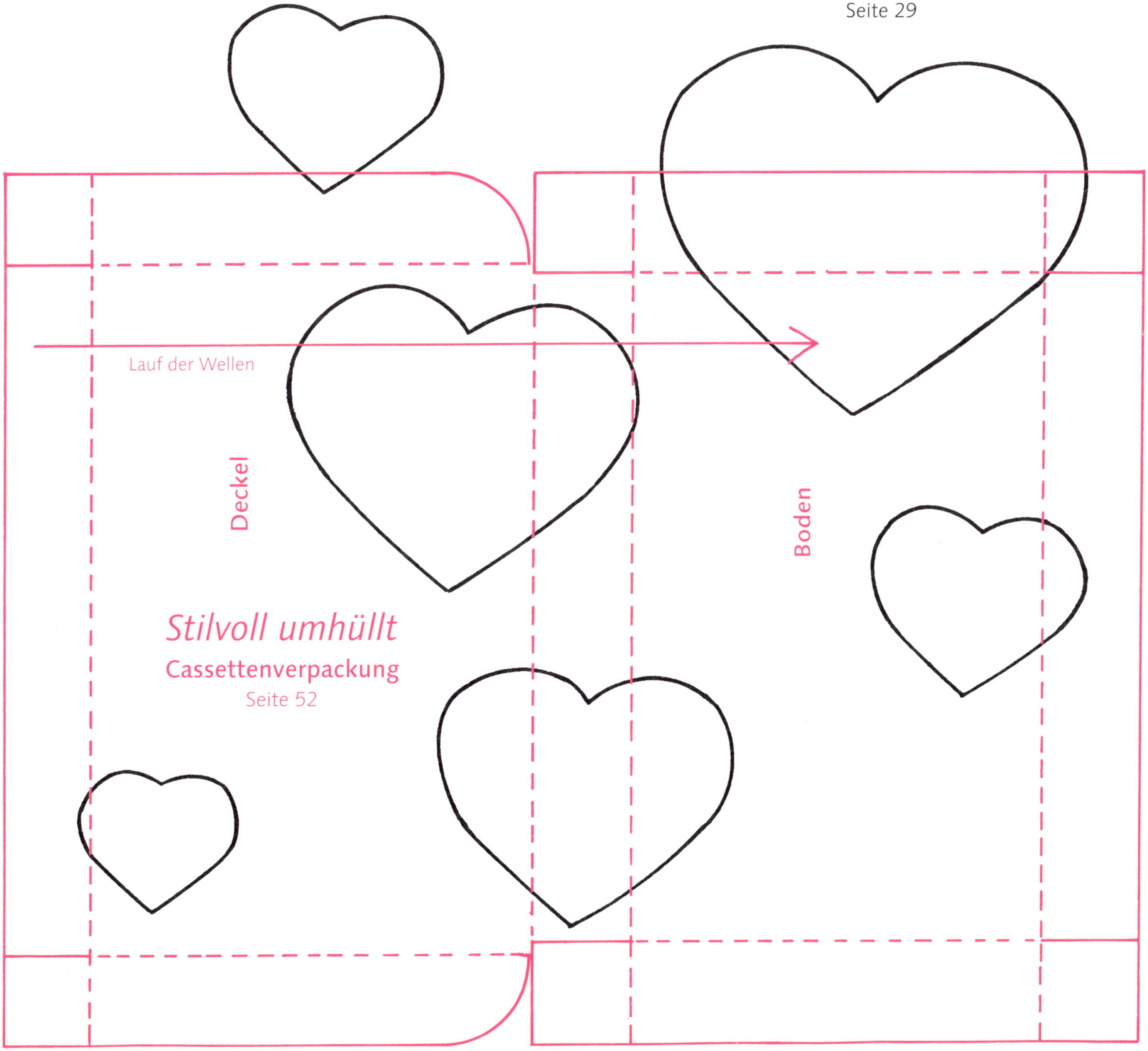

Stilvoll umhüllt

Cassettenverpackung

Seite 52

Schwungvoll ausgeschnitten

Seite 41

Große Tüte

Vorderseite

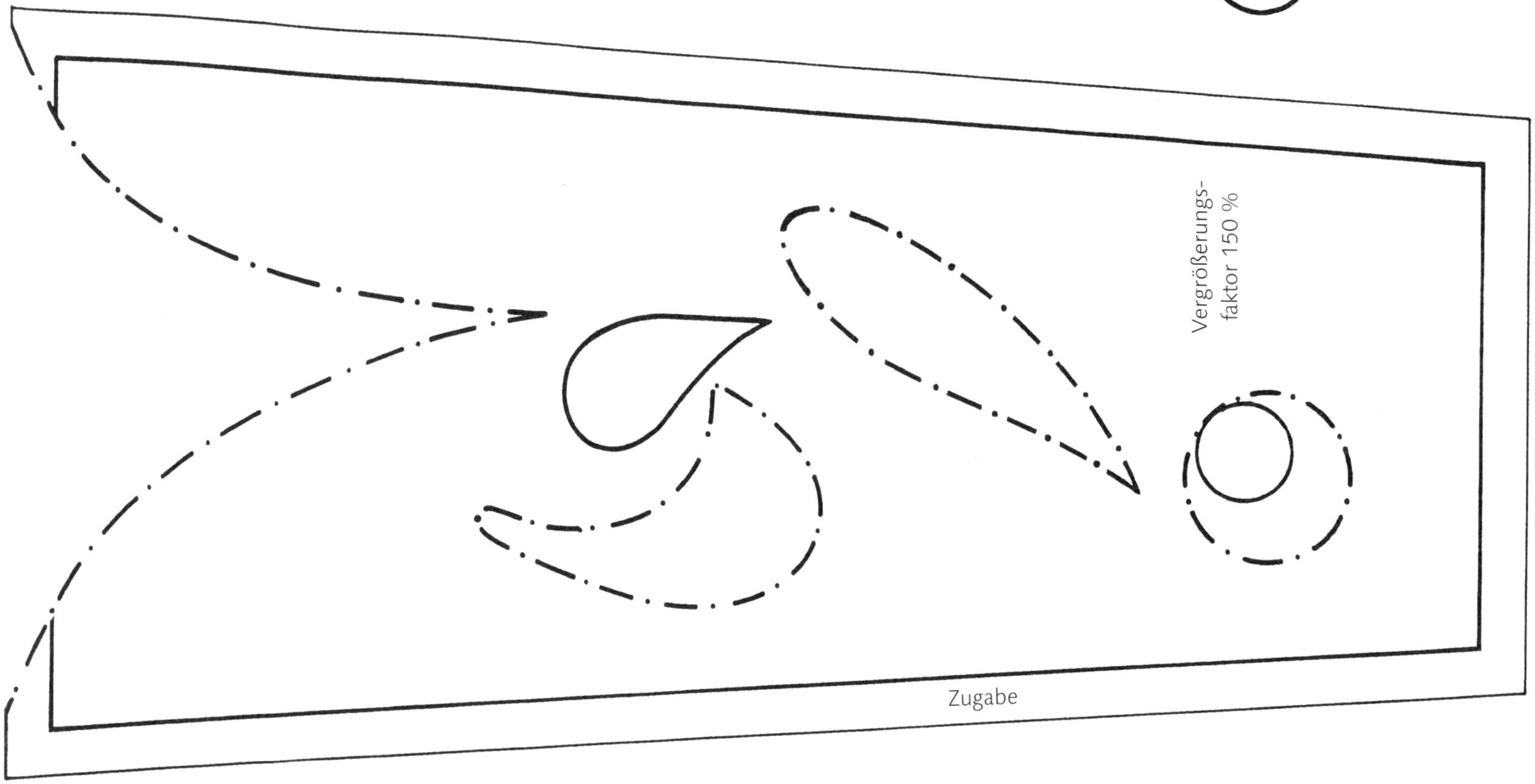

Herzig gestreift

Seite 36

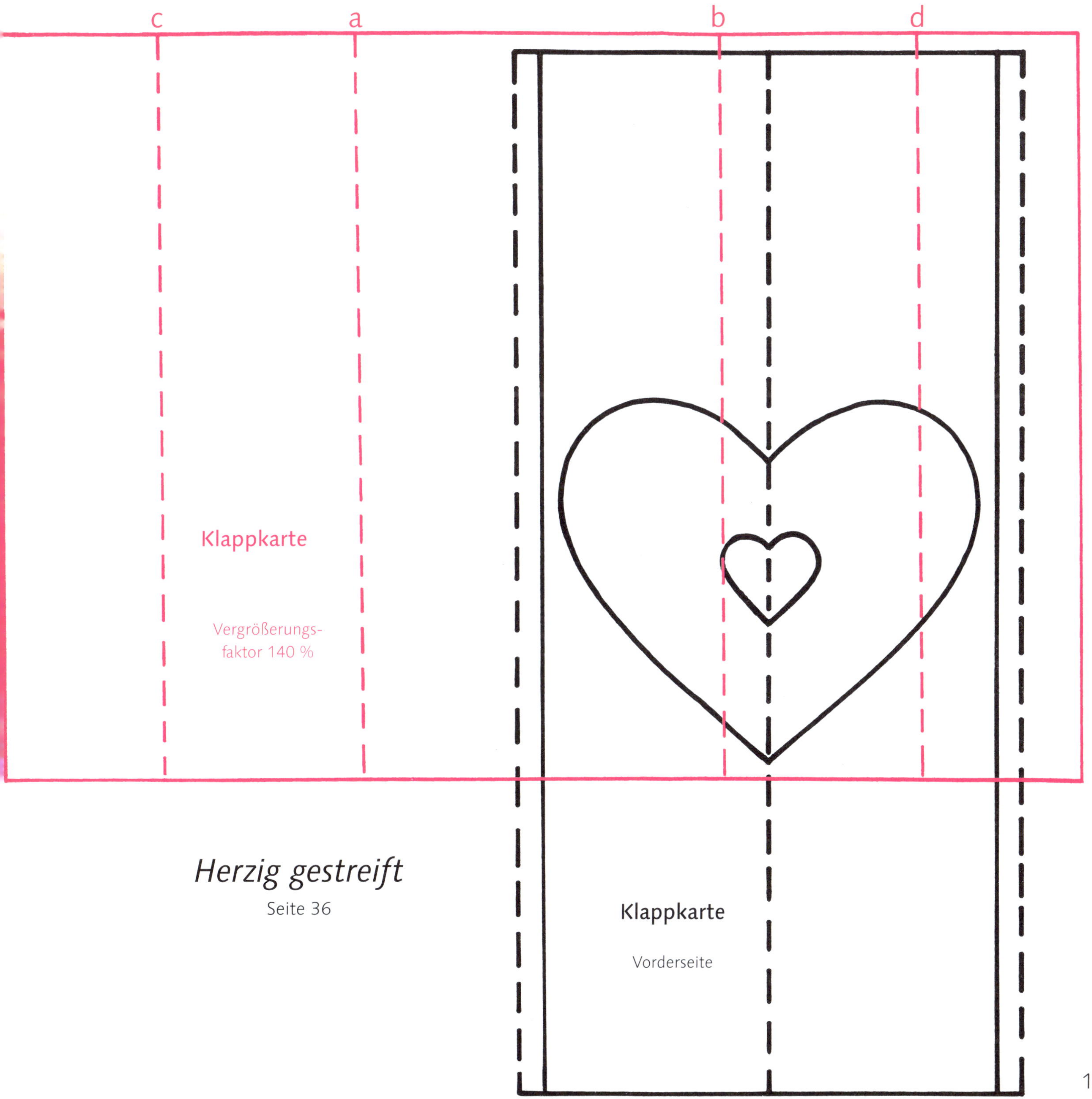

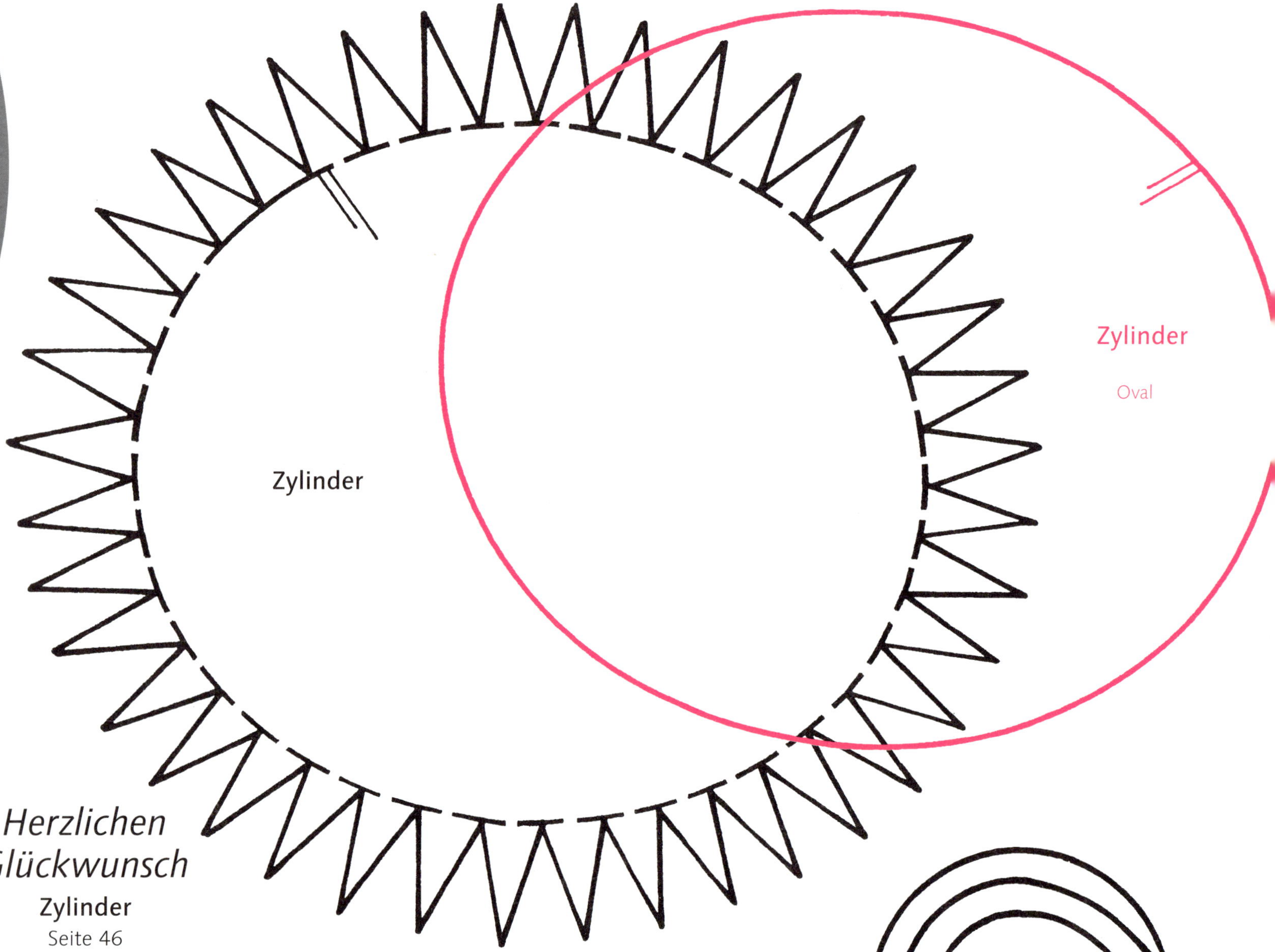

Herzlichen Glückwunsch

Zylinder

Seite 46

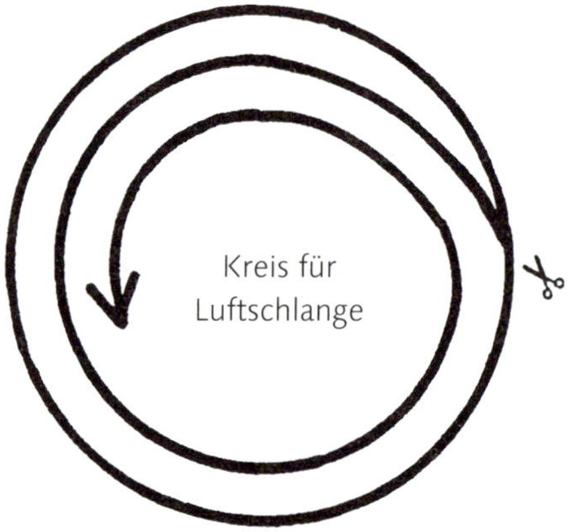

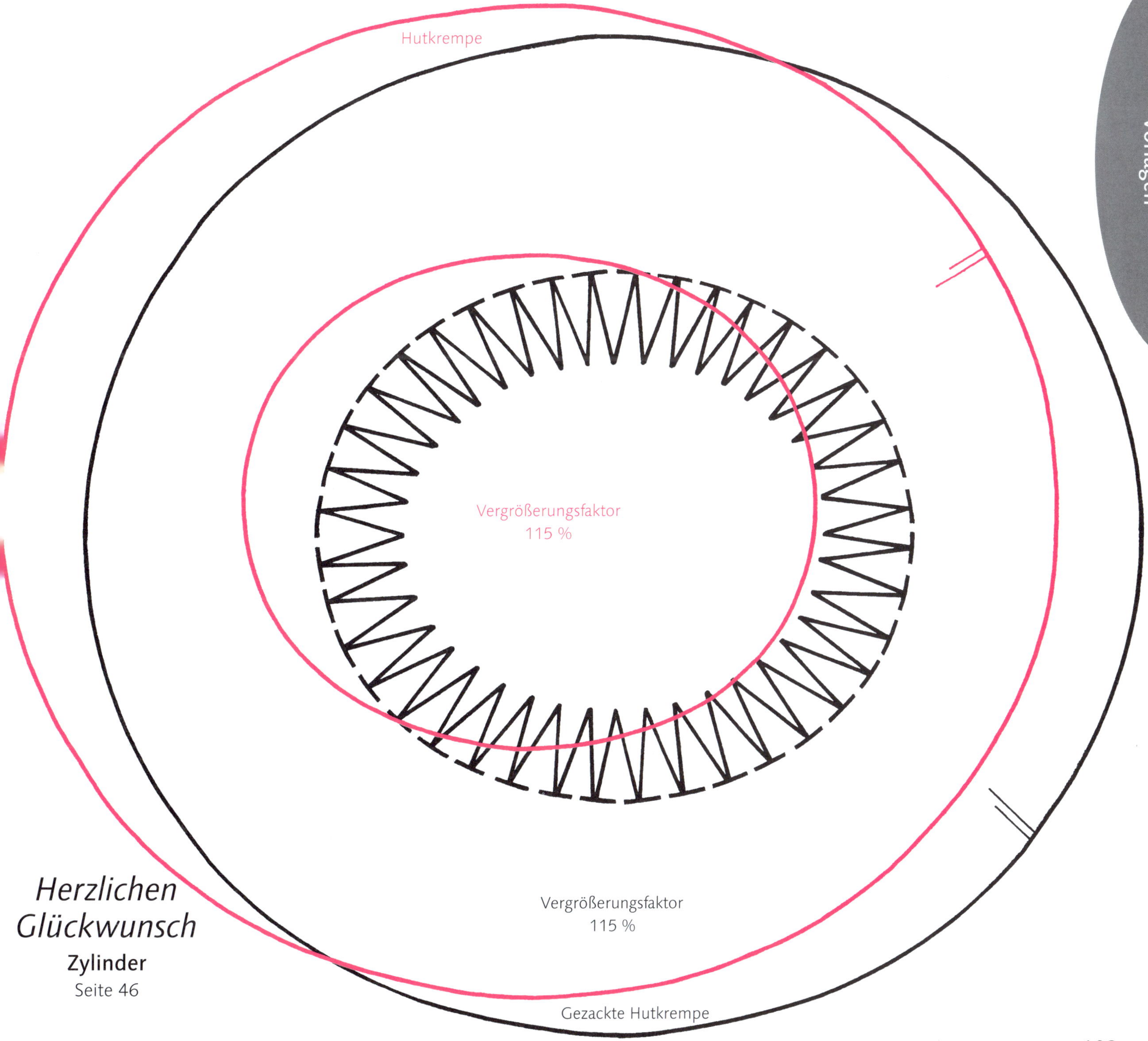

Herzlichen Glückwunsch

Zylinder

Seite 46

Verpackungen für Süßigkeiten

Seite 76

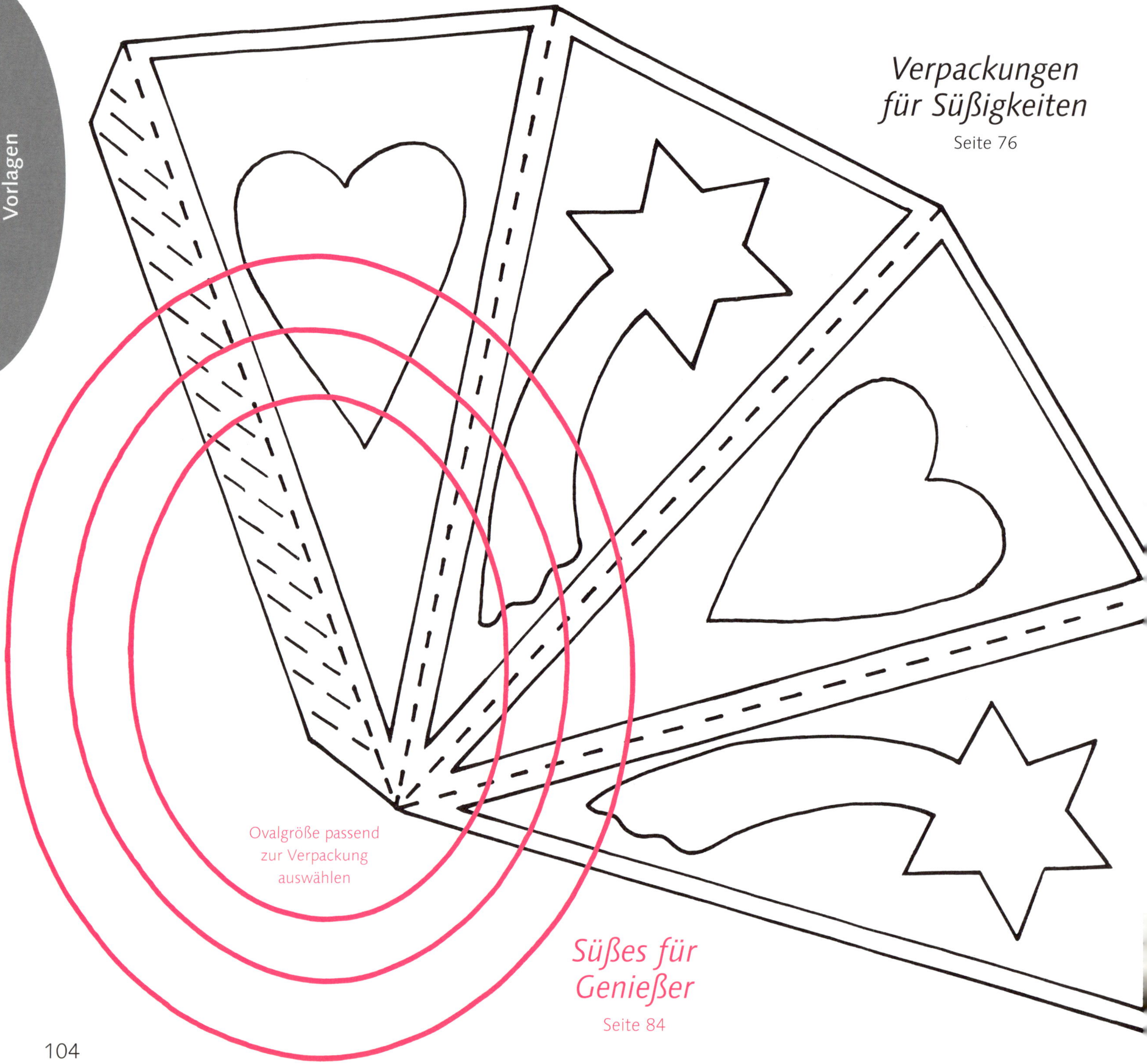

Süßes für Genießer

Seite 84

Für große Objekte

Tüte im Hochformat

Seite 38

Stilvoll umhüllt

Seite 52

Vergrößerungsfaktor 185 %

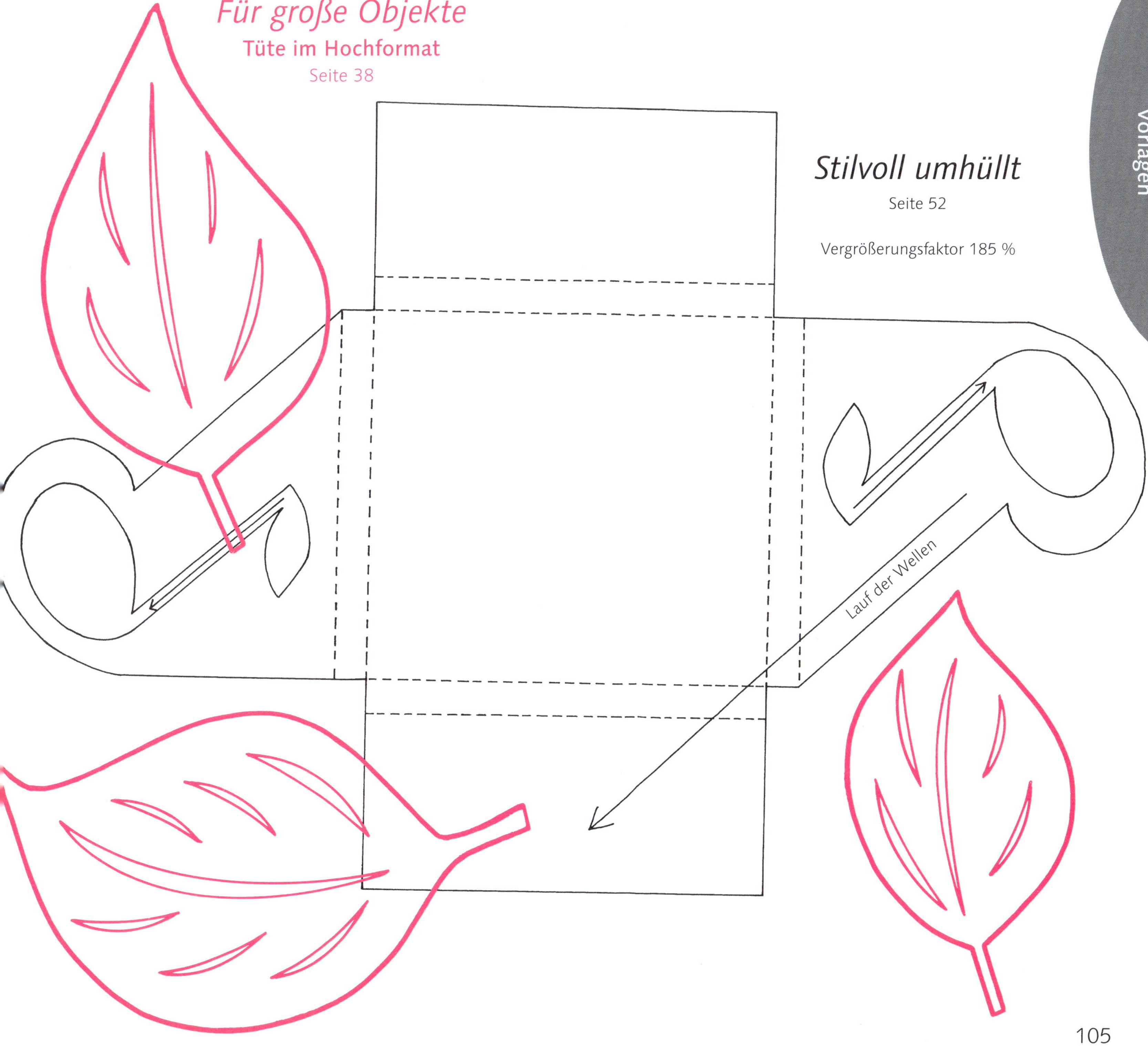

Für kleine Leute

Seite 88

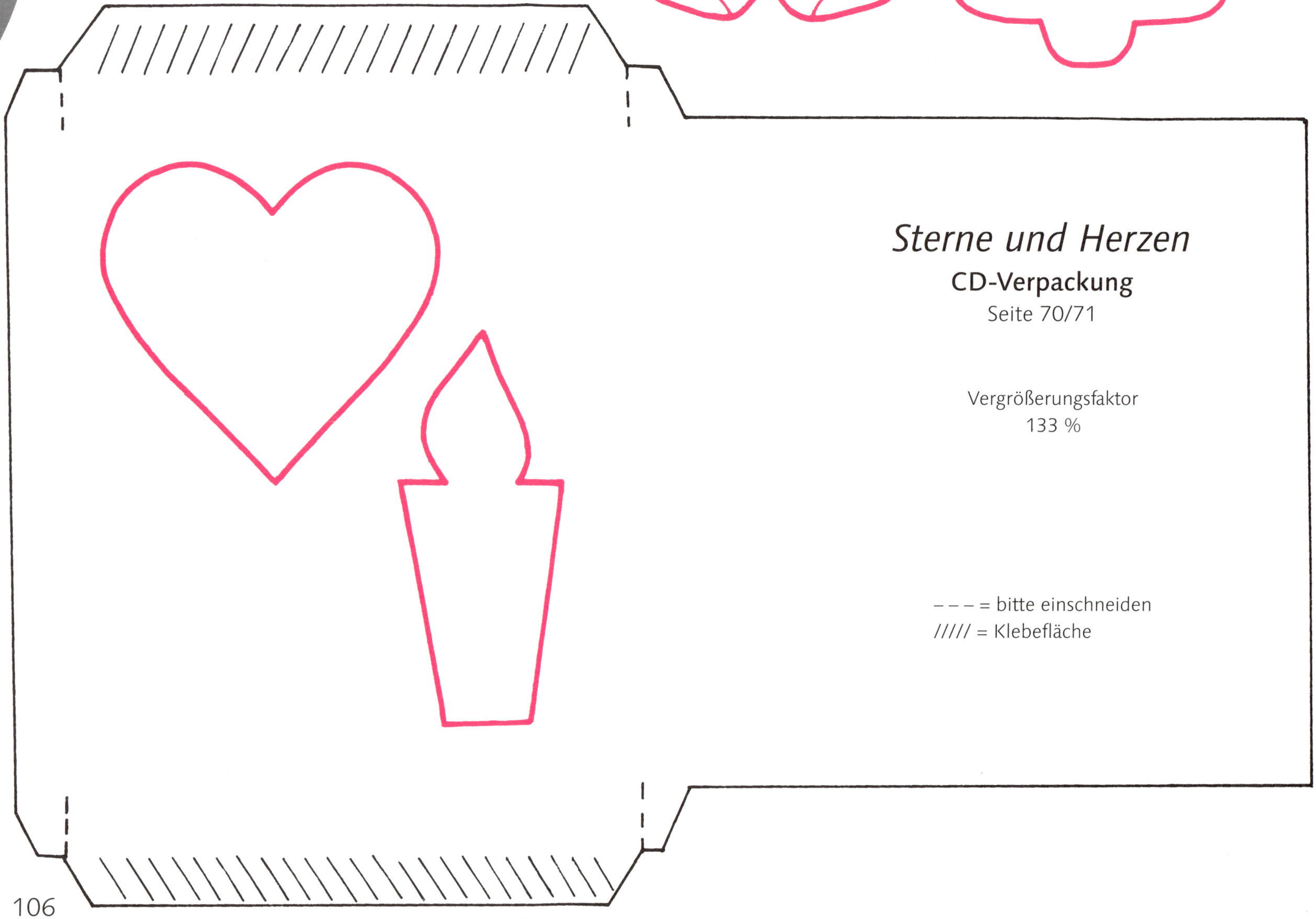

Sterne und Herzen

CD-Verpackung

Seite 70/71

Vergrößerungsfaktor
133 %

– – – = bitte einschneiden
///// = Klebefläche

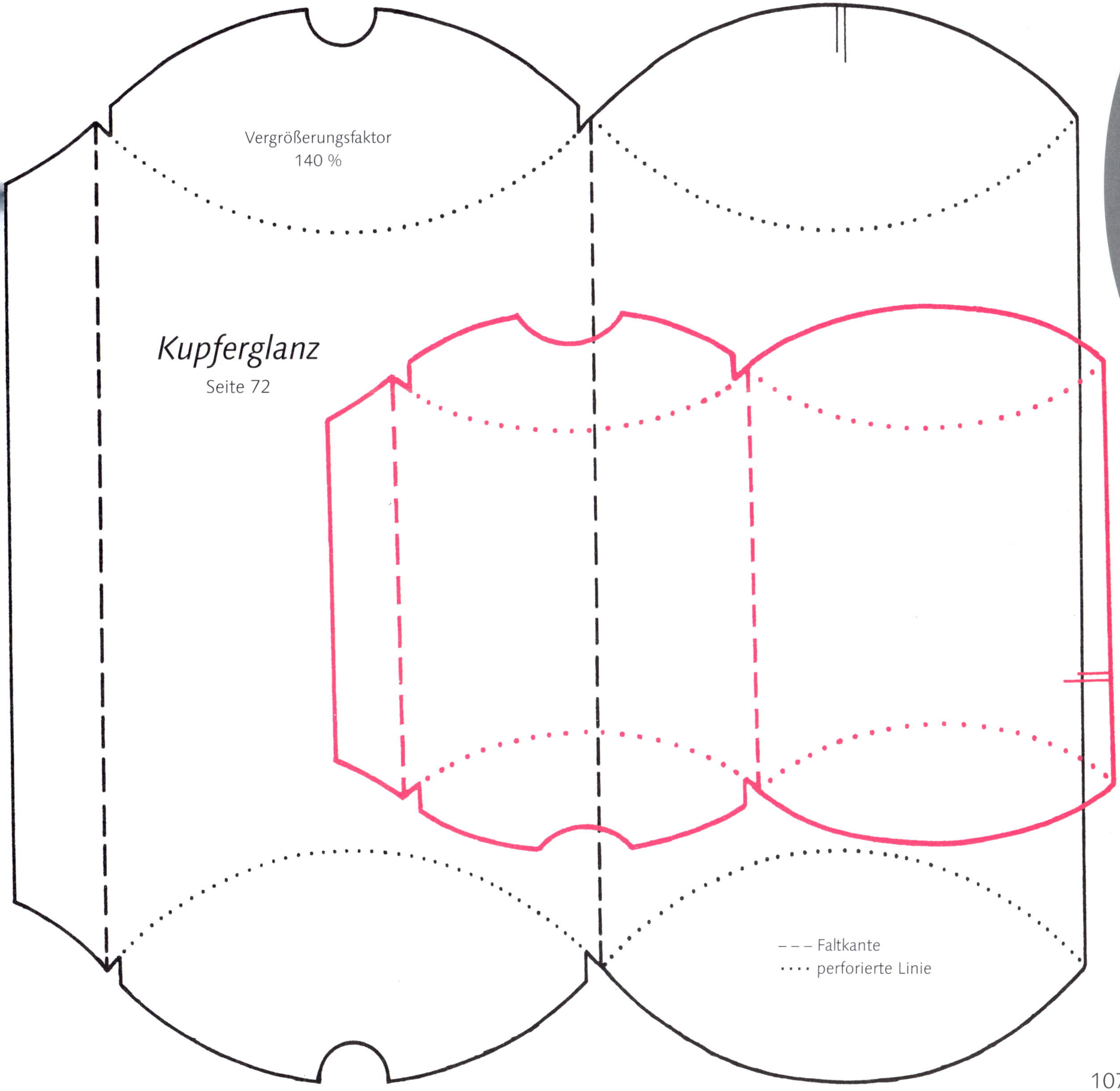
Vergrößerungsfaktor
140 %
Kupferglanz
Seite 72
– – – Faltkante
· · · · perforierte Linie

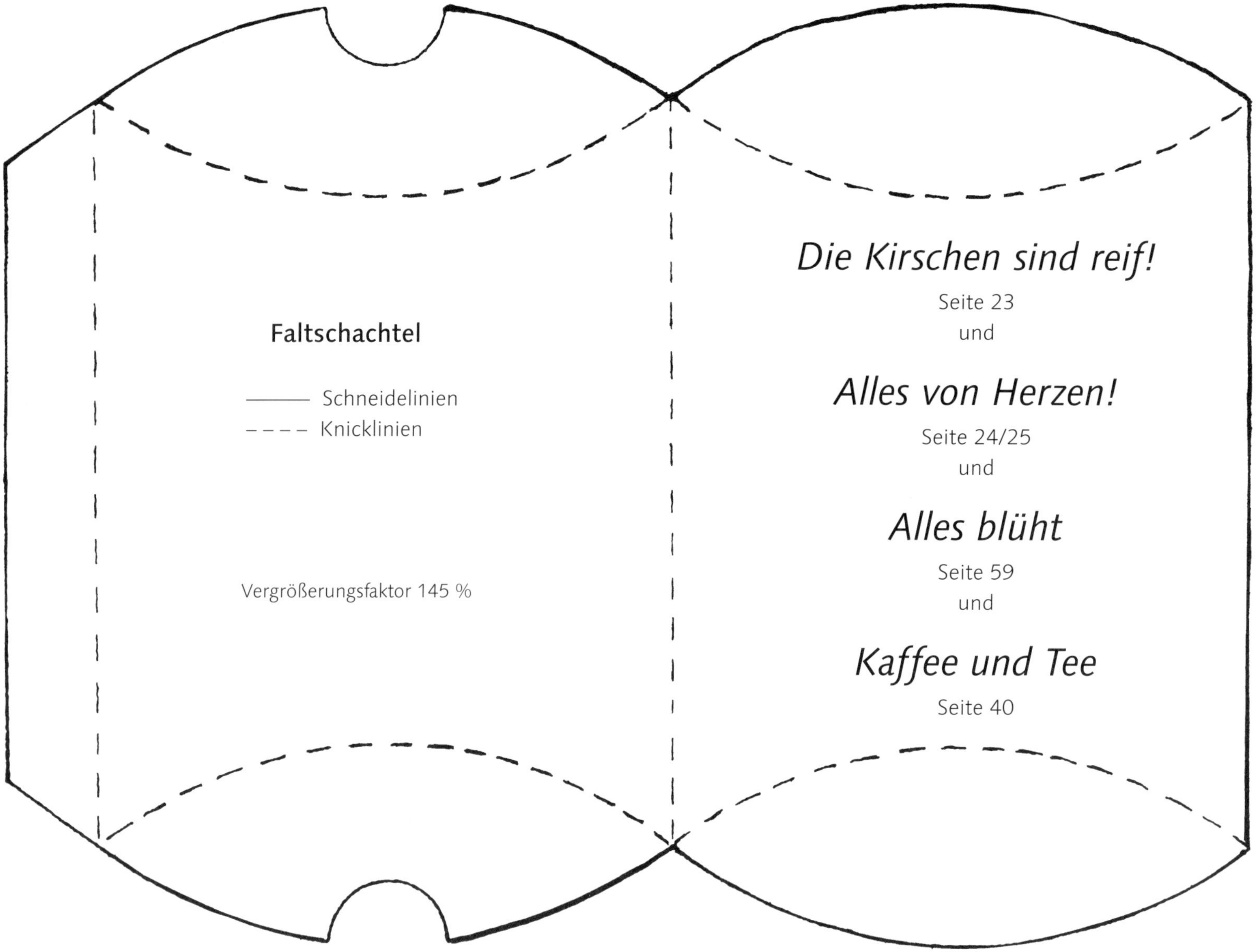
Faltschachtel
Schneidelinien
Knicklinien
Vergrößerungsfaktor 145 %
Die Kirschen sind reif!
Seite 23
und
Alles von Herzen!
Seite 24/25
und
Alles blüht
Seite 59
und
Kaffee und Tee
Seite 40

Einladung zum Kaffeeklatsch

Seite 26

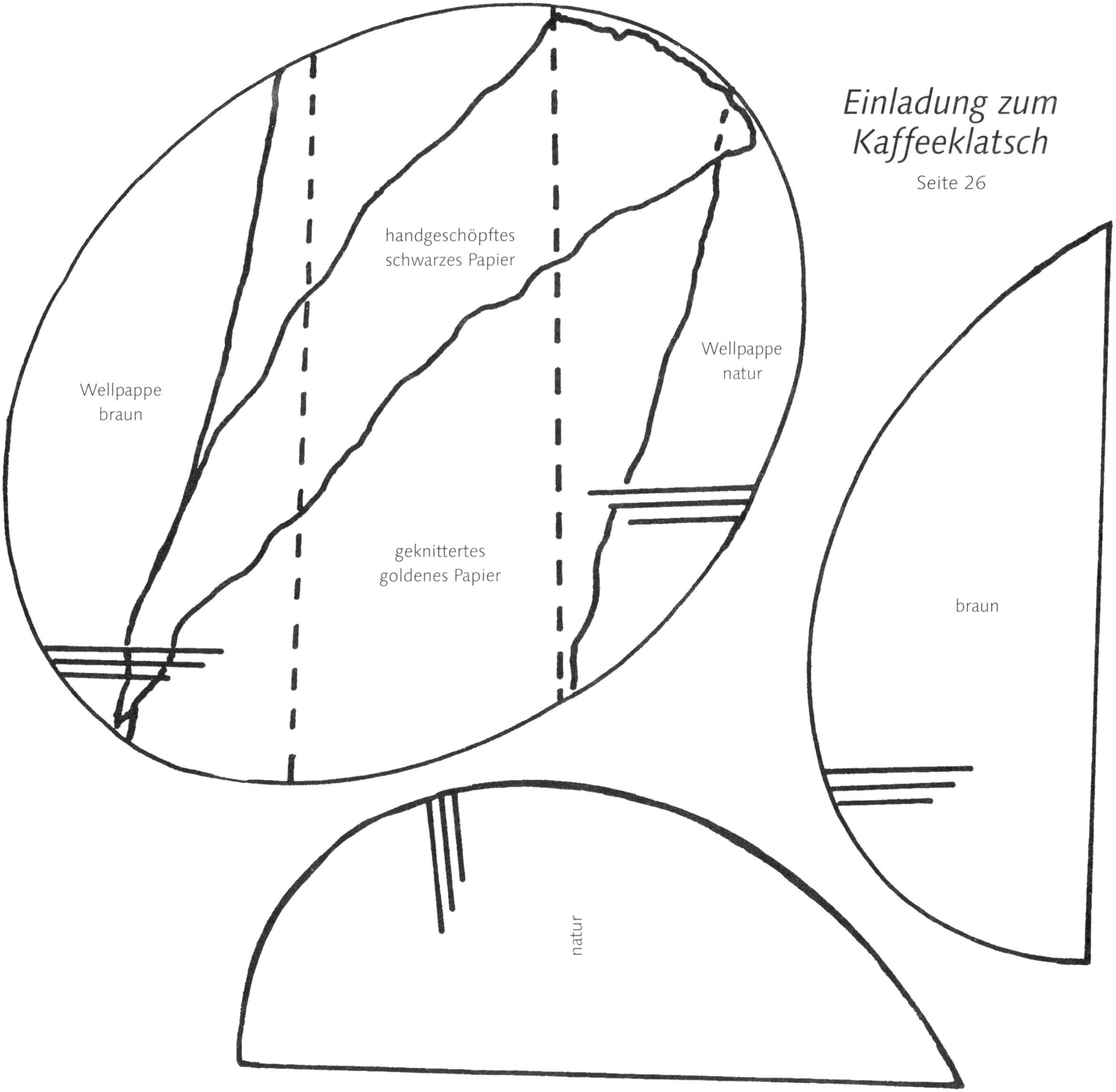

Geschenkkärtchen

Seite 91

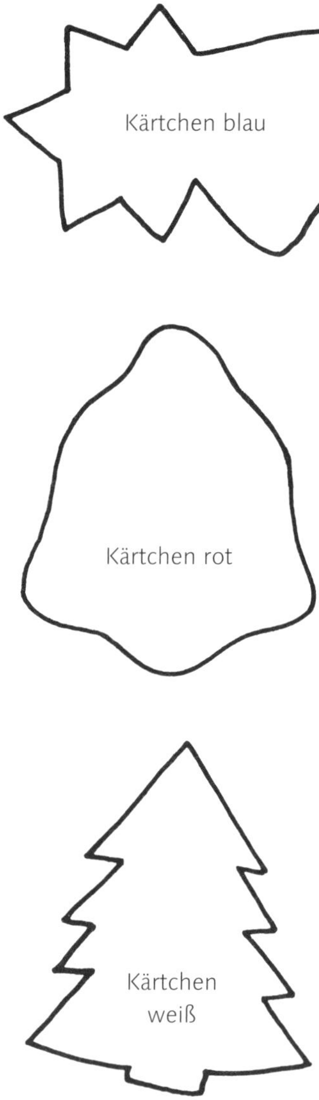

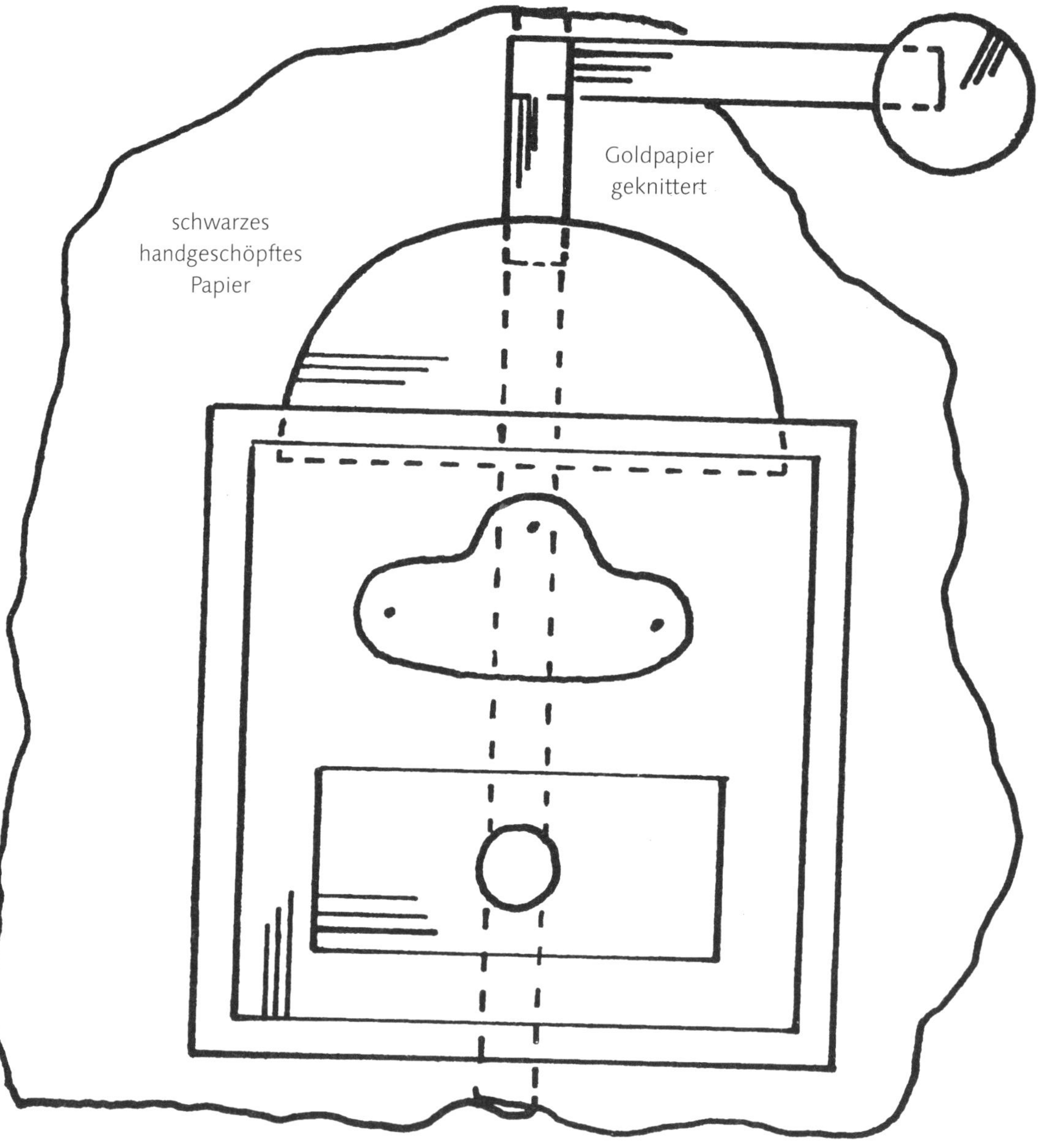

Einladung zum Kaffeeklatsch

Seite 26

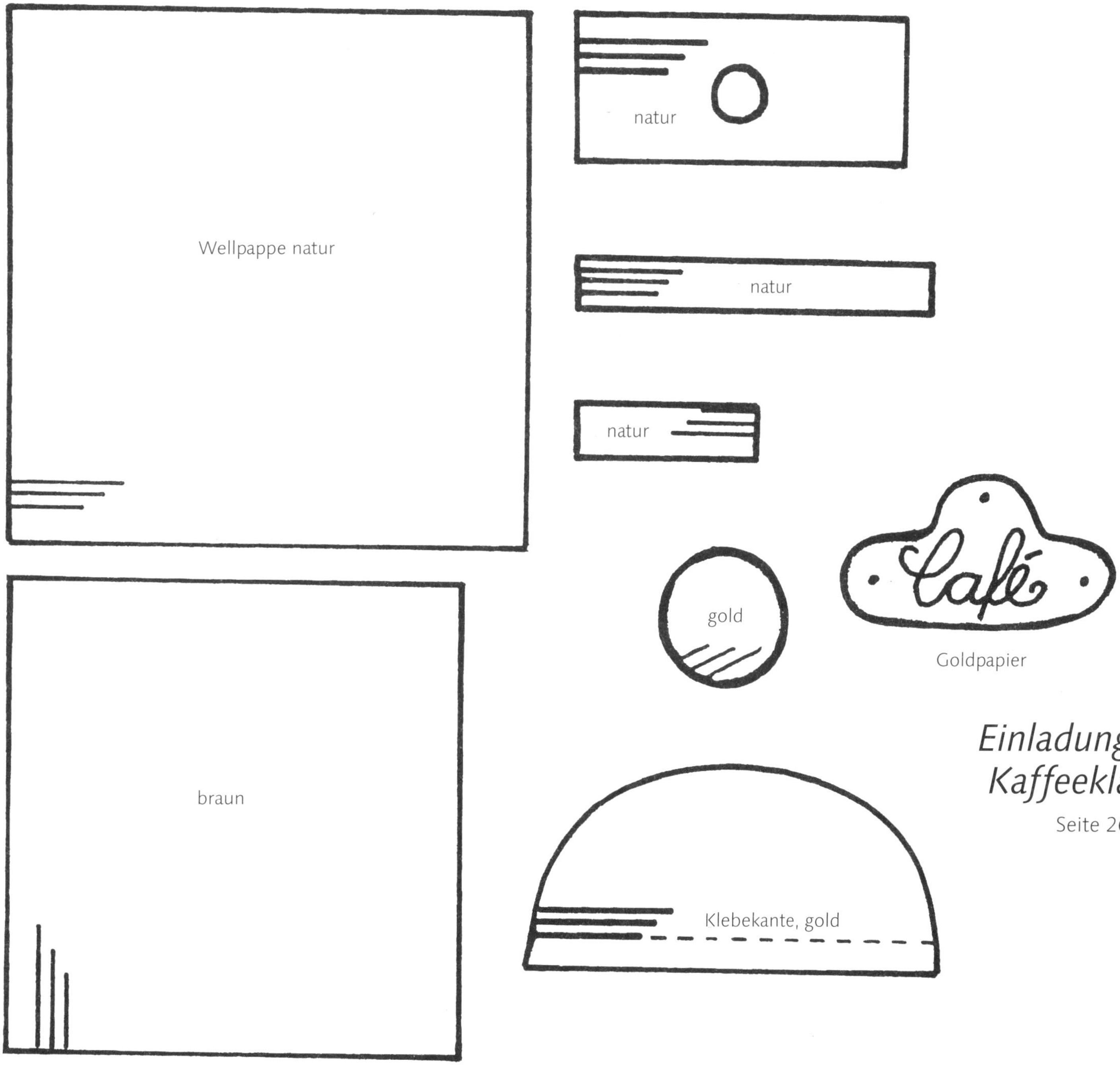

Einladung zum Kaffeeklatsch

Seite 26

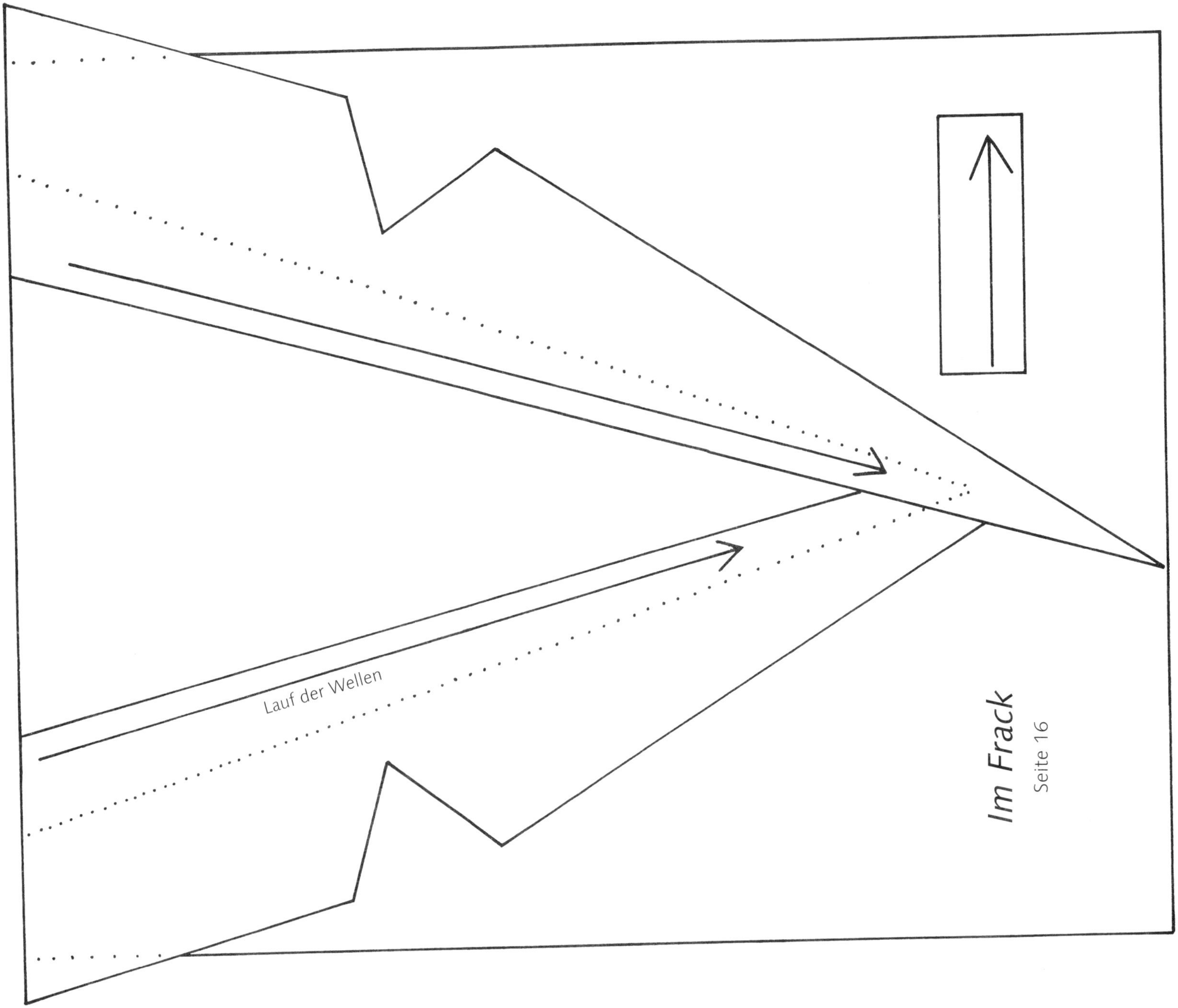
Lauf der Wellen
Im Frack
Seite 16

Von Herzen

Seite 27

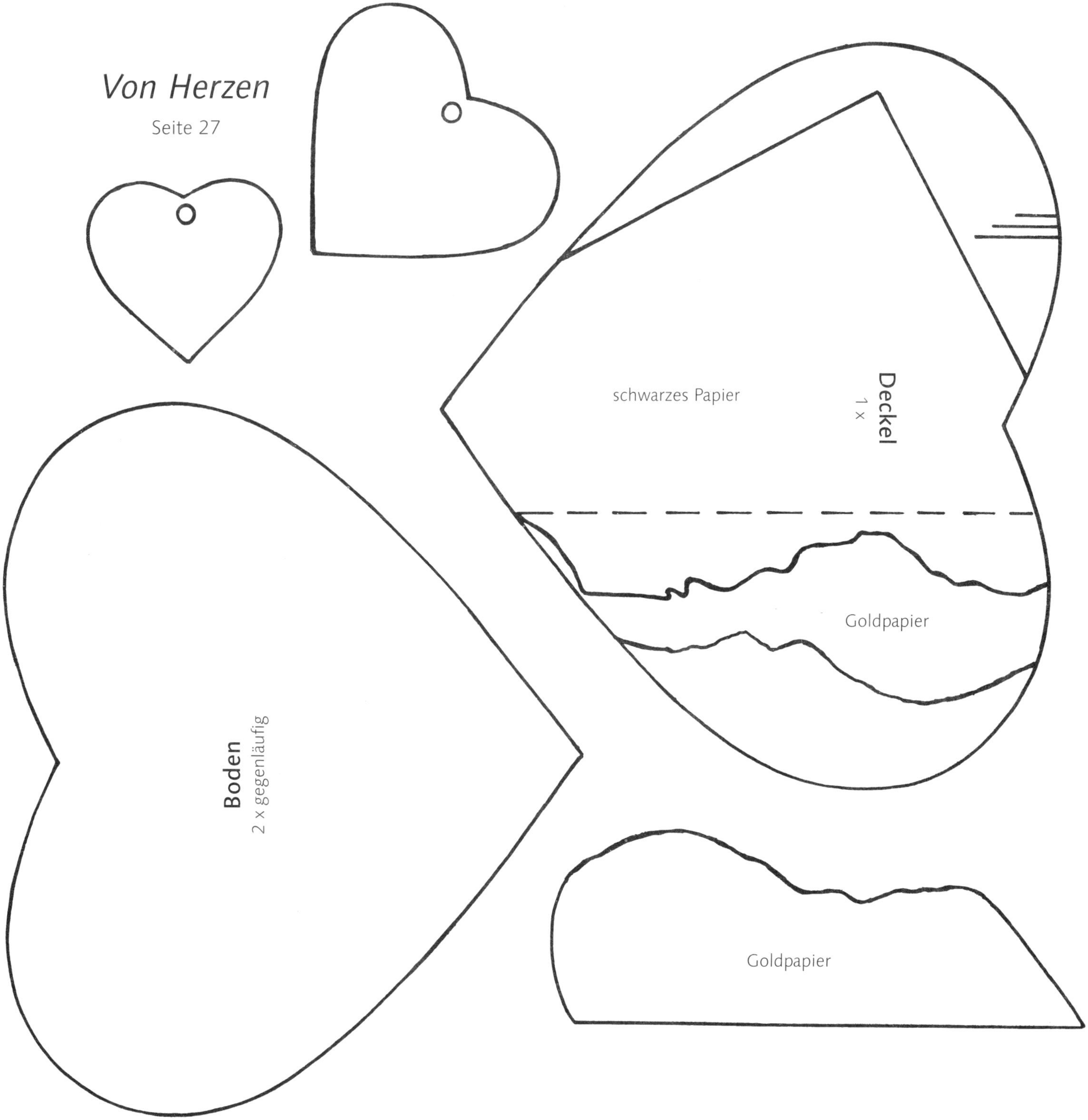

Edle Formen

Keilförmige Kartons

Seite 18

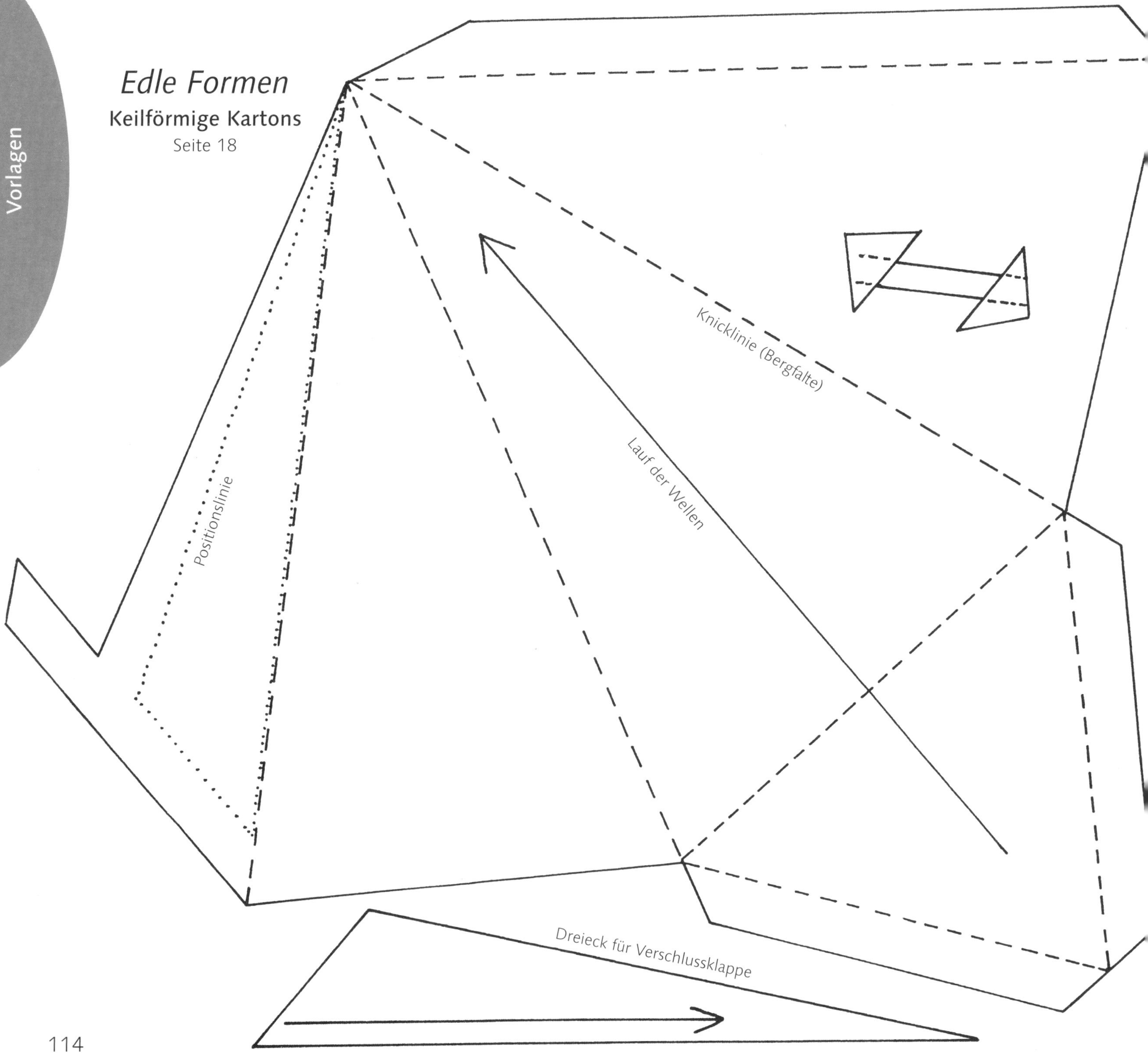

Edle Formen

Pyramiden

Seite 17

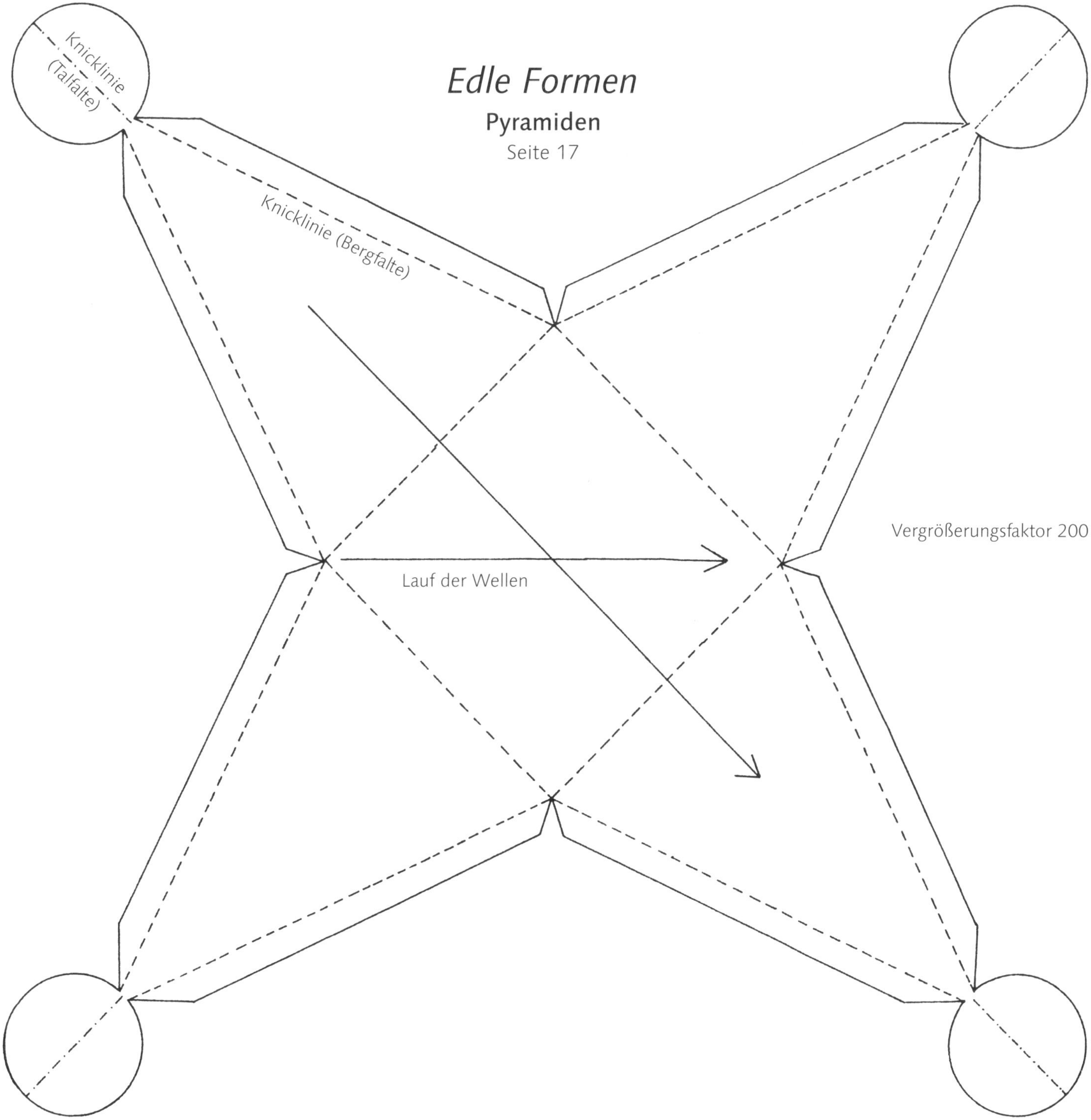

Vergrößerungsfaktor 200 %

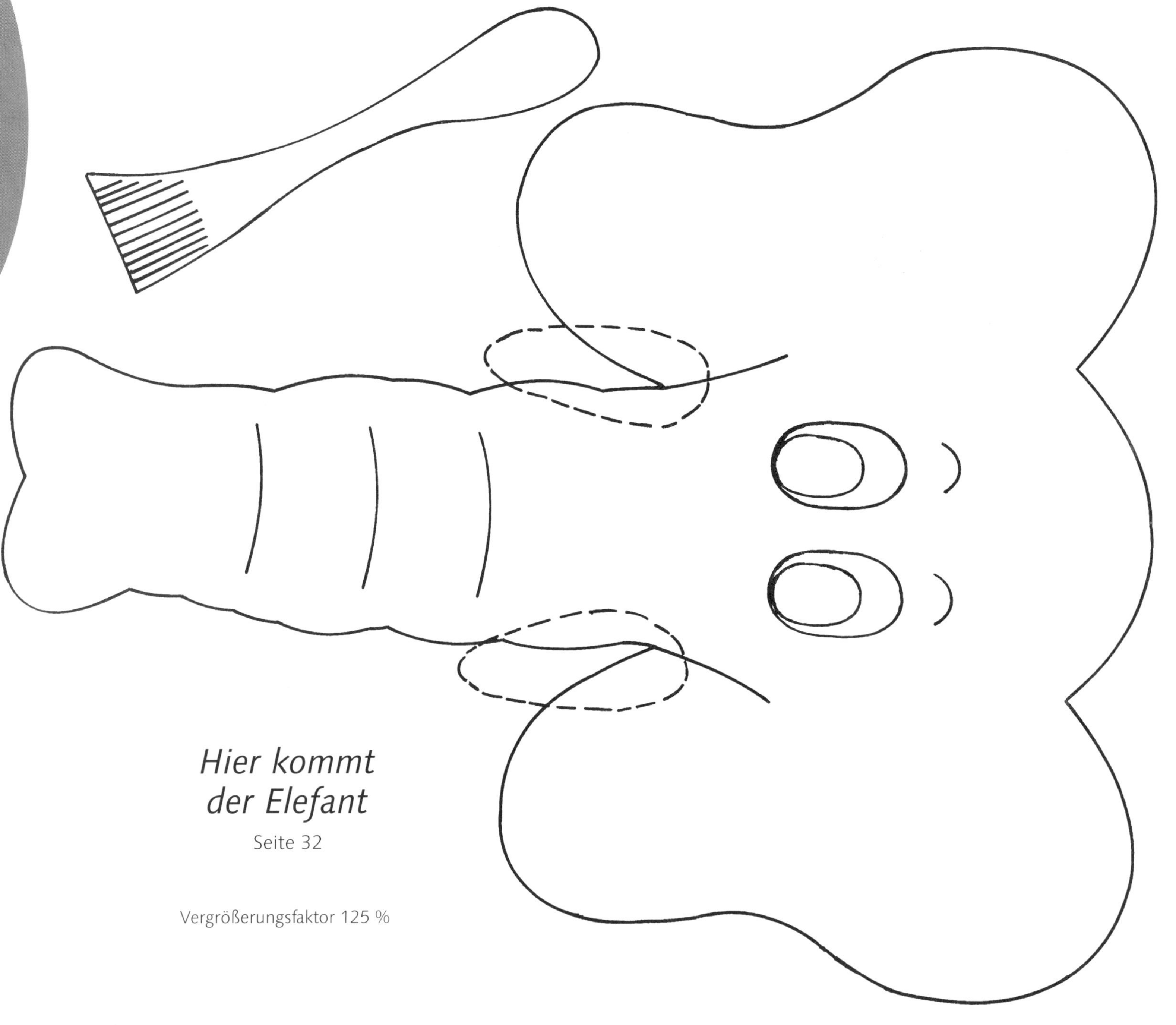

Hier kommt der Elefant

Seite 32

Vergrößerungsfaktor 125 %

Eiszeit

Seite 30

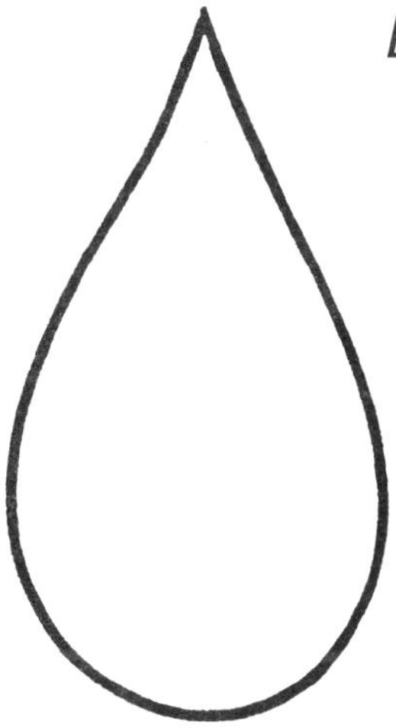

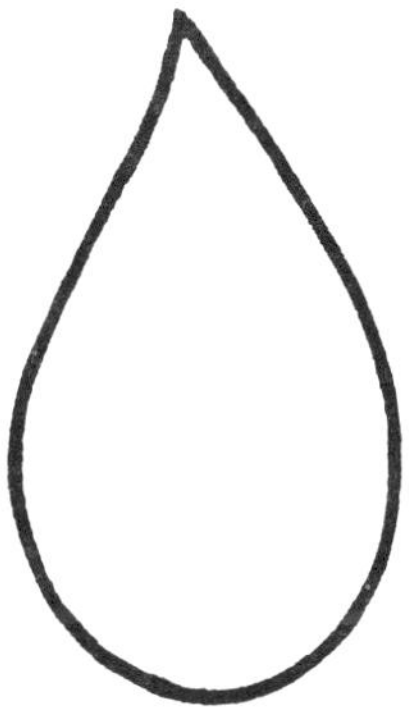

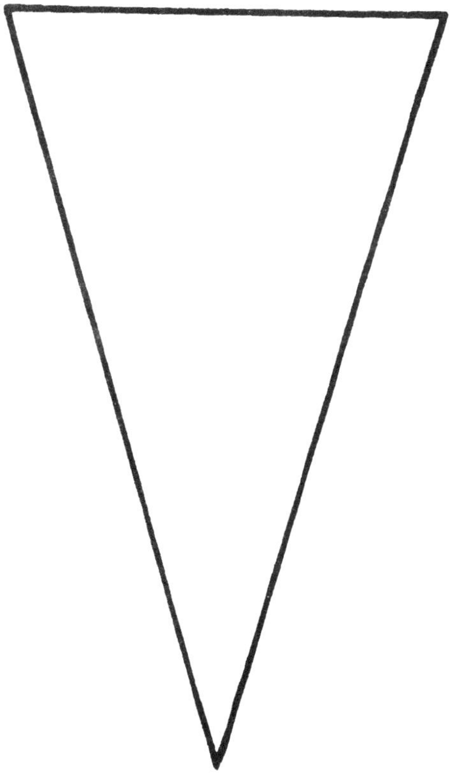

Eiszeit

Seite 30

Karte Vorderseite

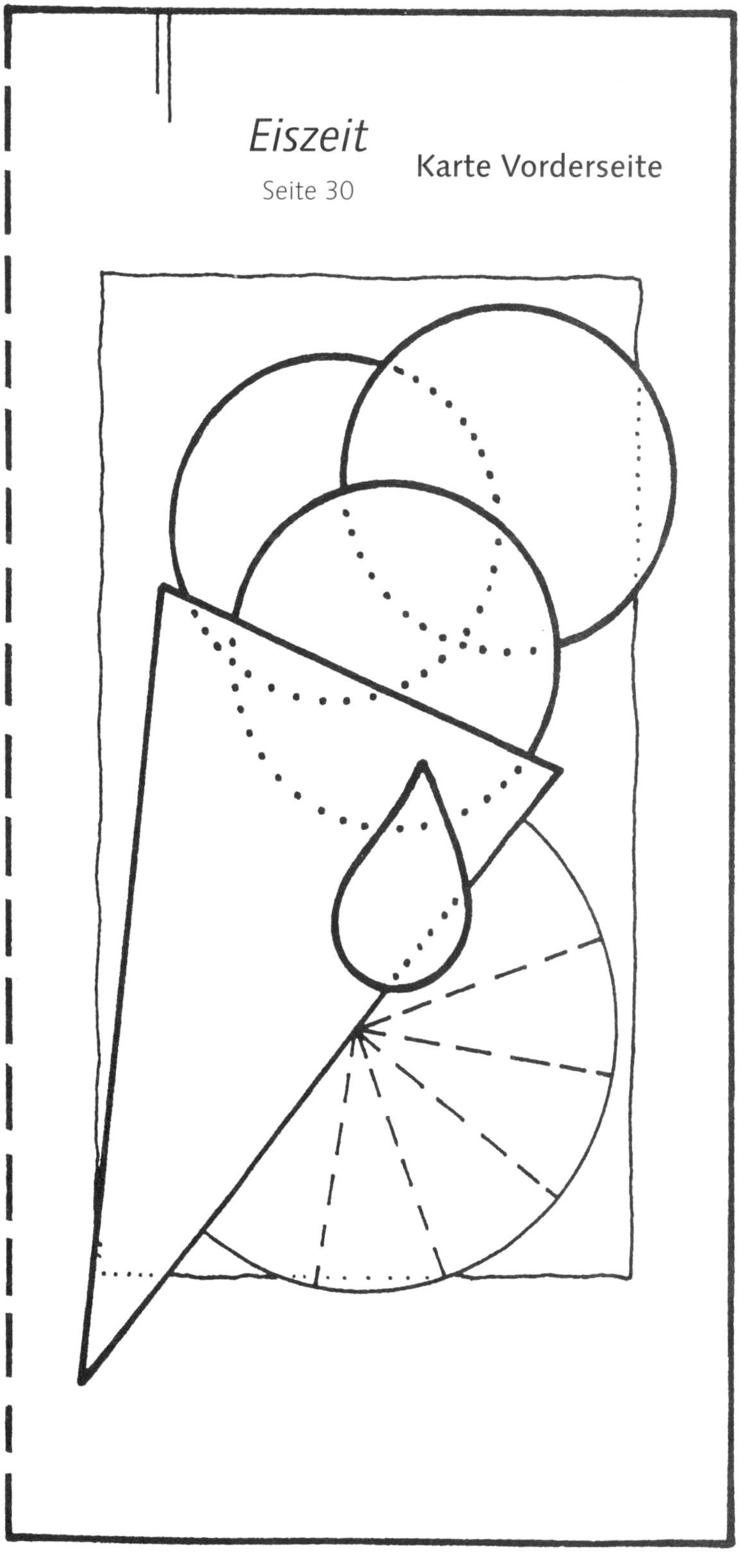

Herzig gestreift

Seite 36

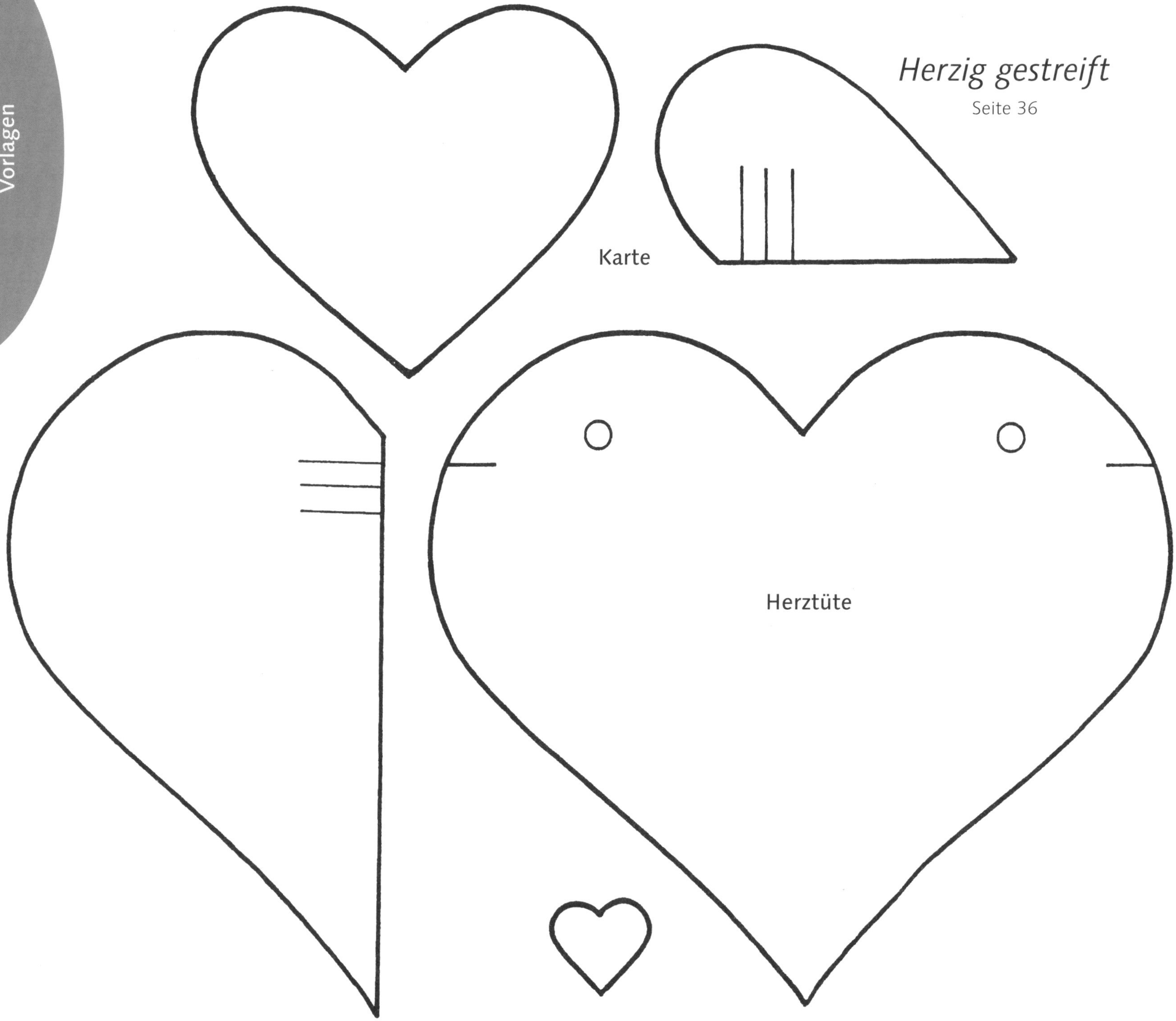

Herzig gestreift

Seite 36

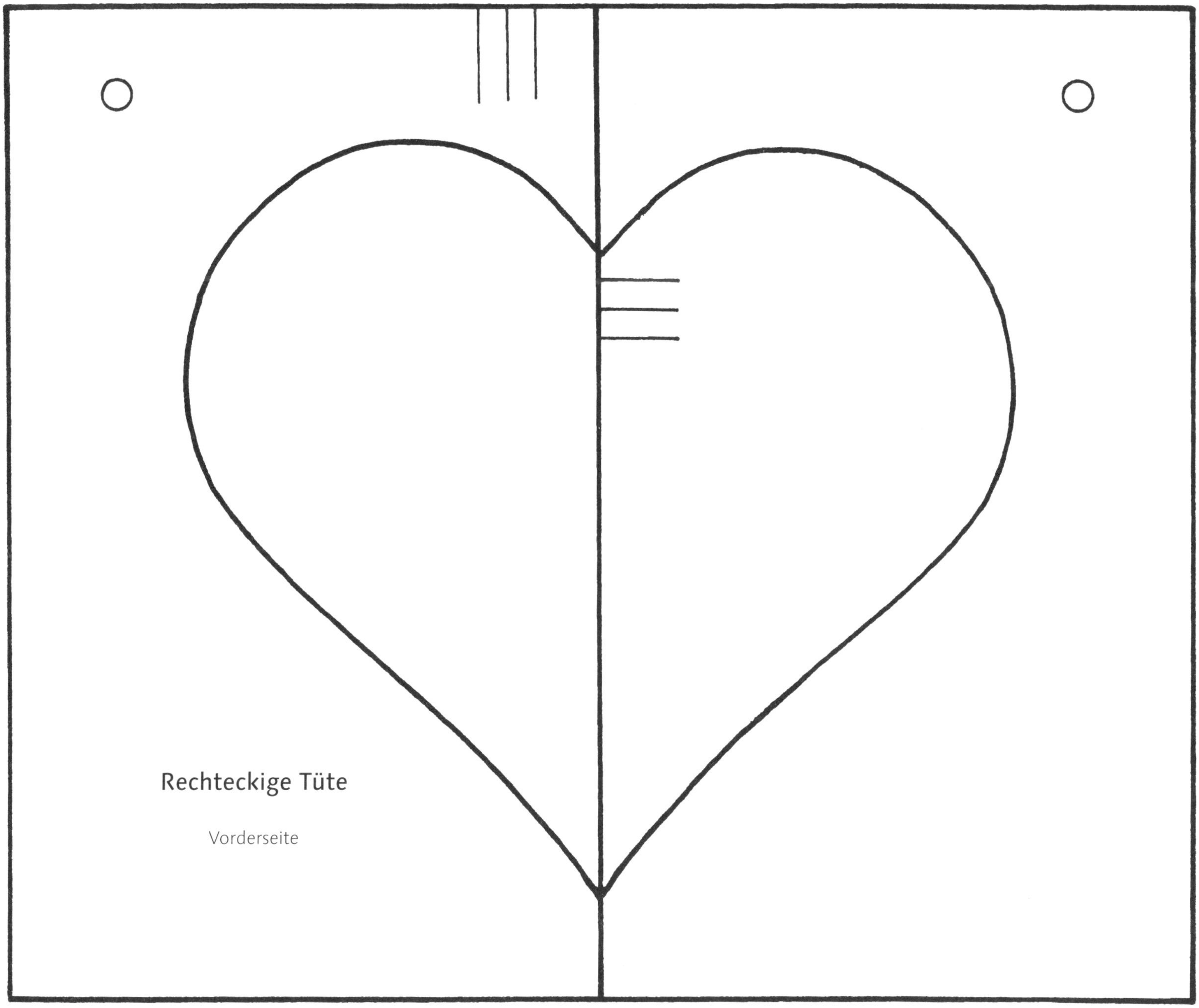

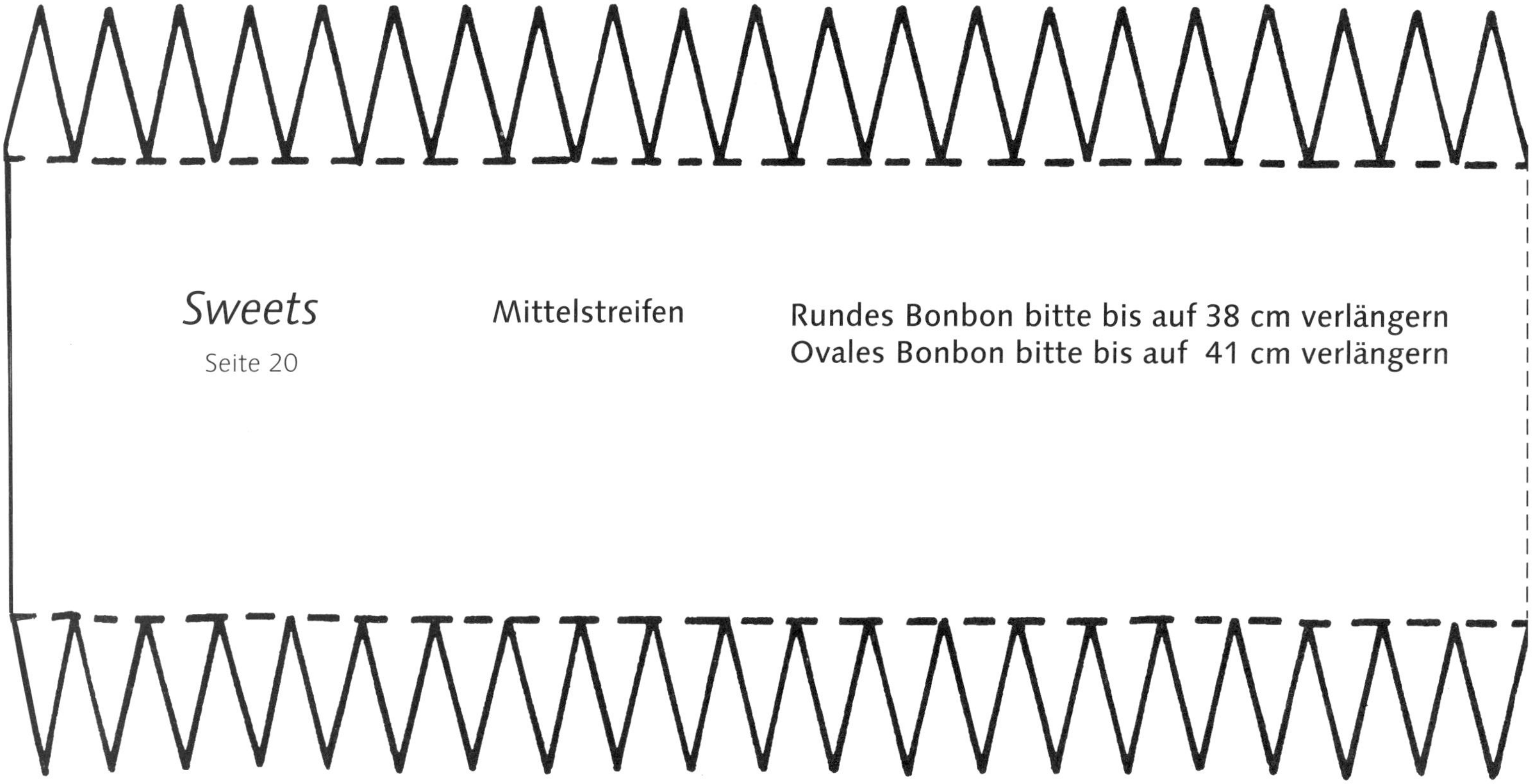
Sweets
Seite 20
Mittelstreifen
Rundes Bonbon bitte bis auf 38 cm verlängern
Ovales Bonbon bitte bis auf 41 cm verlängern

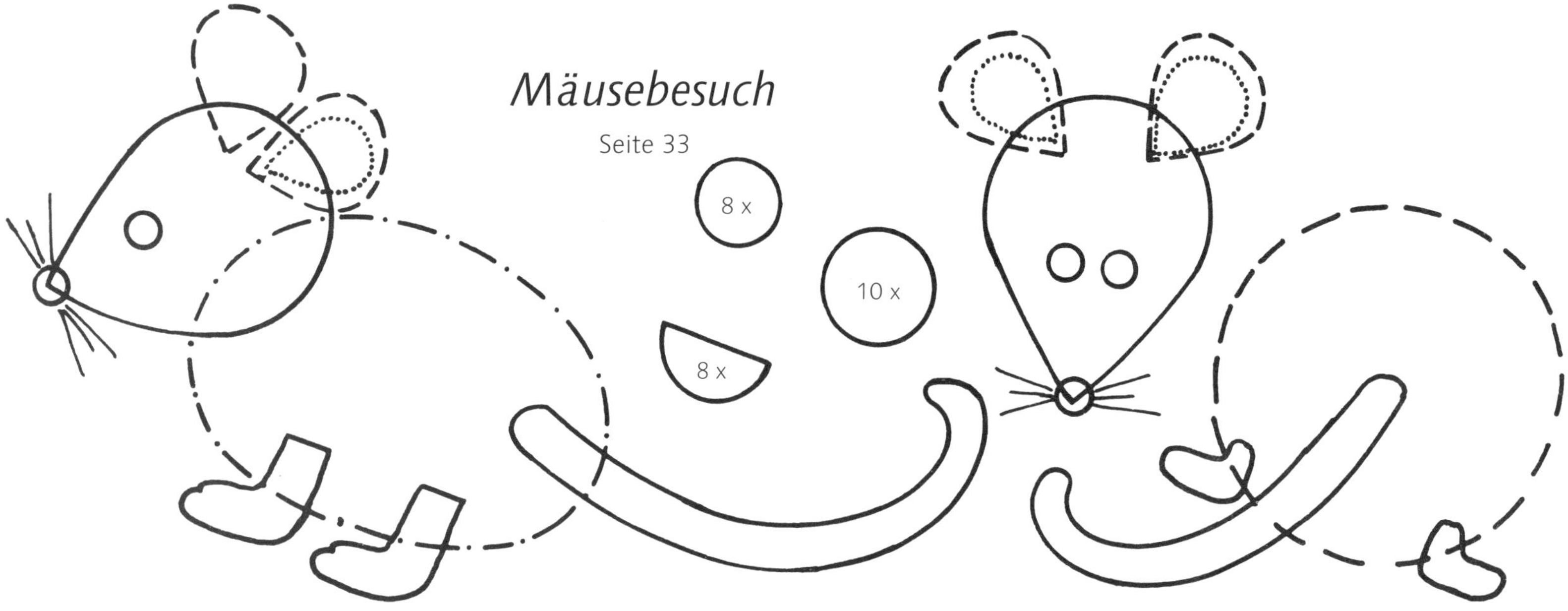
Mäusebesuch
Seite 33
8 x
10 x
8 x

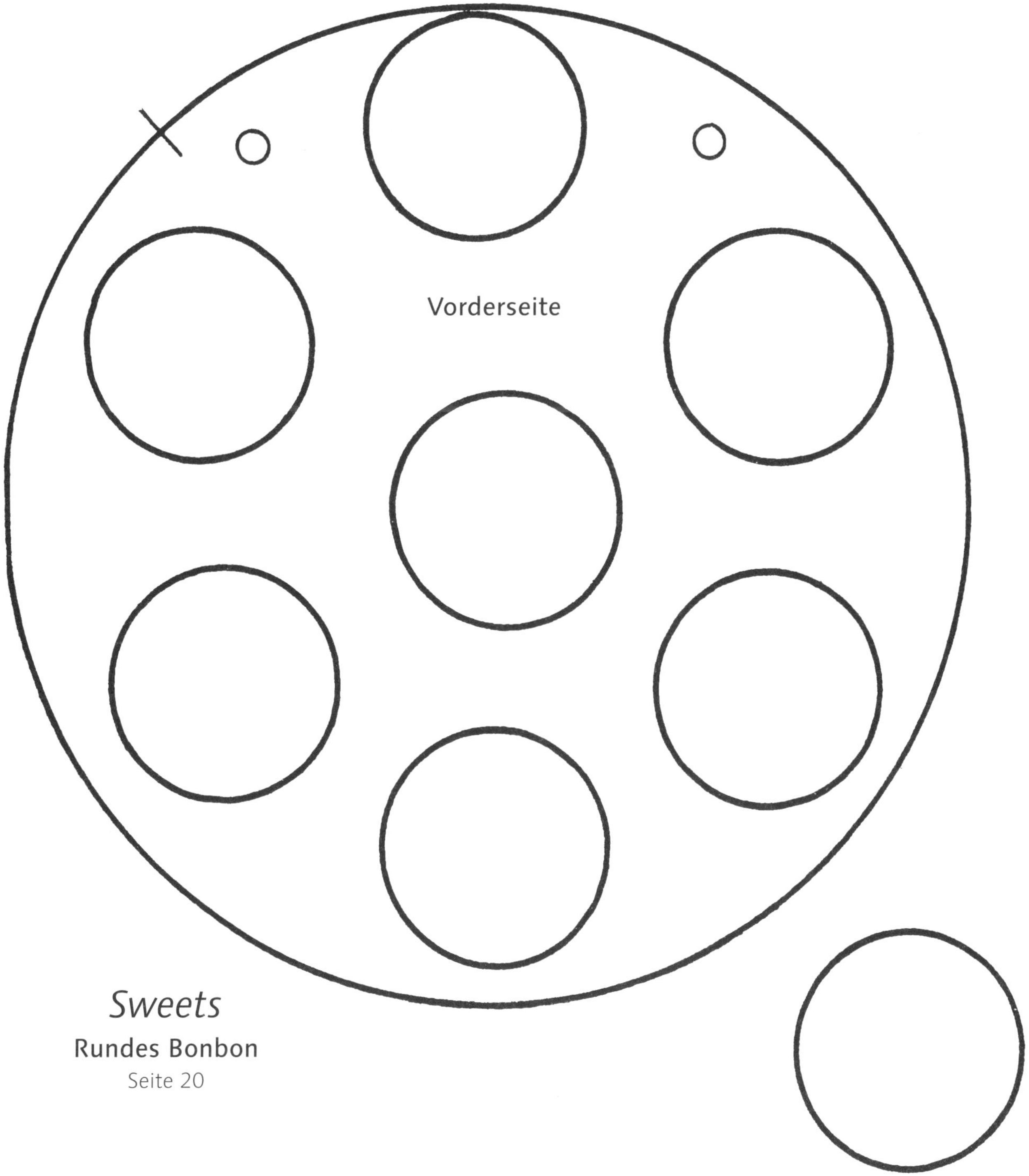

Sweets

Rundes Bonbon

Seite 20

Sweets

Ovales Bonbon

Seite 20

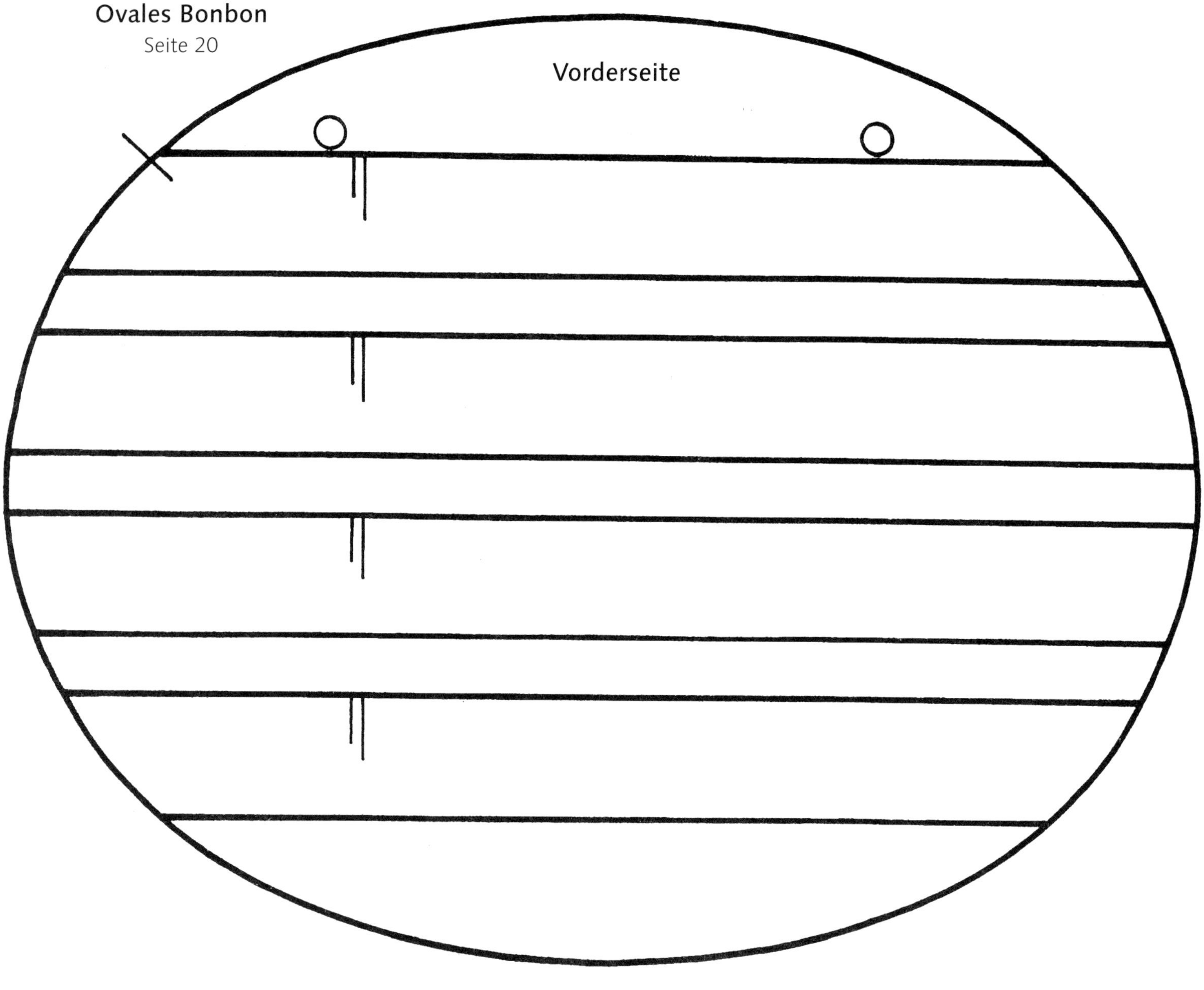

Herzlichen Glückwunsch

Kleeblatt

Seite 46

Herzlichen Glückwunsch

Hufeisen

Seite 46

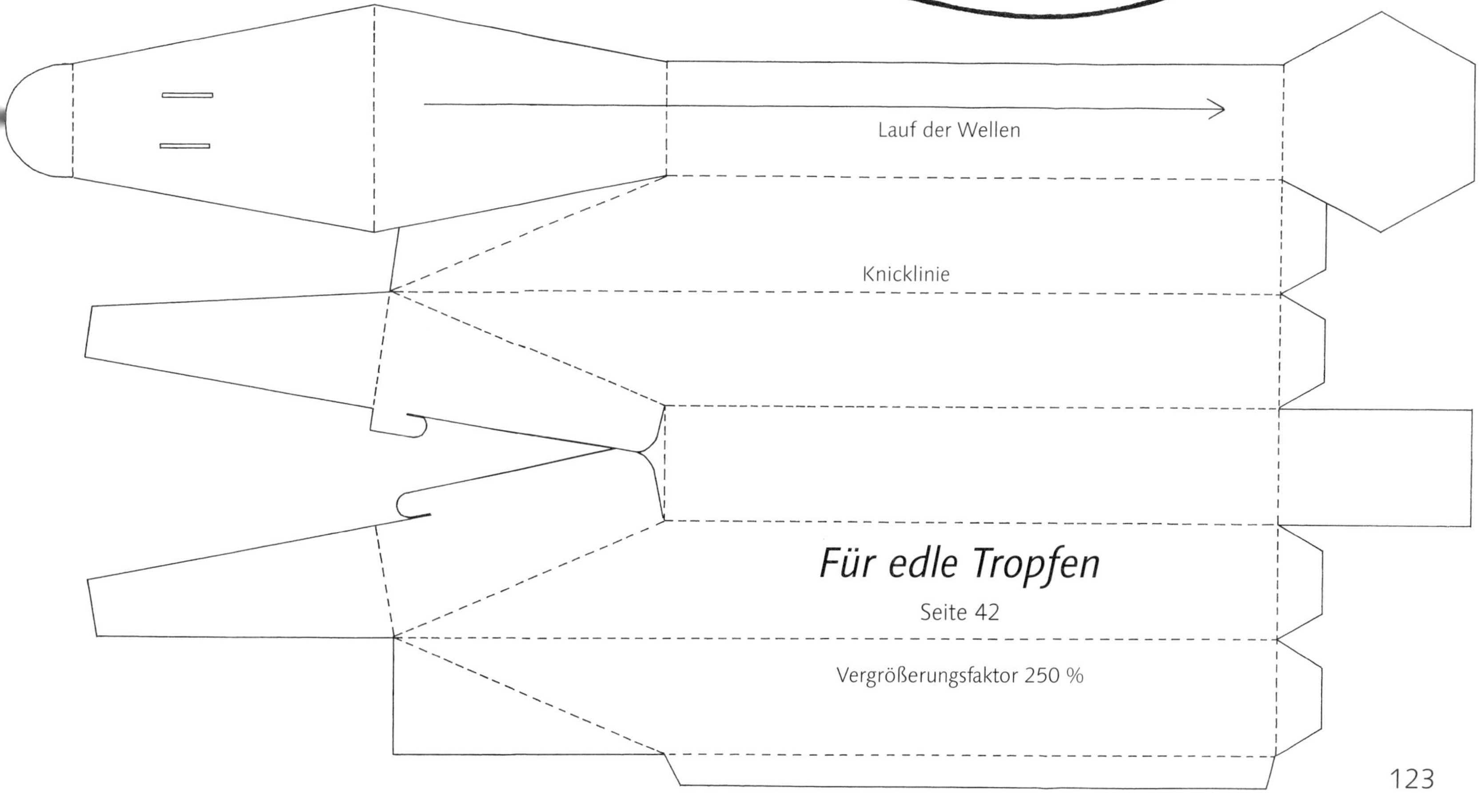

Für edle Tropfen

Seite 42

CD – bunt verpackt

Seite 50

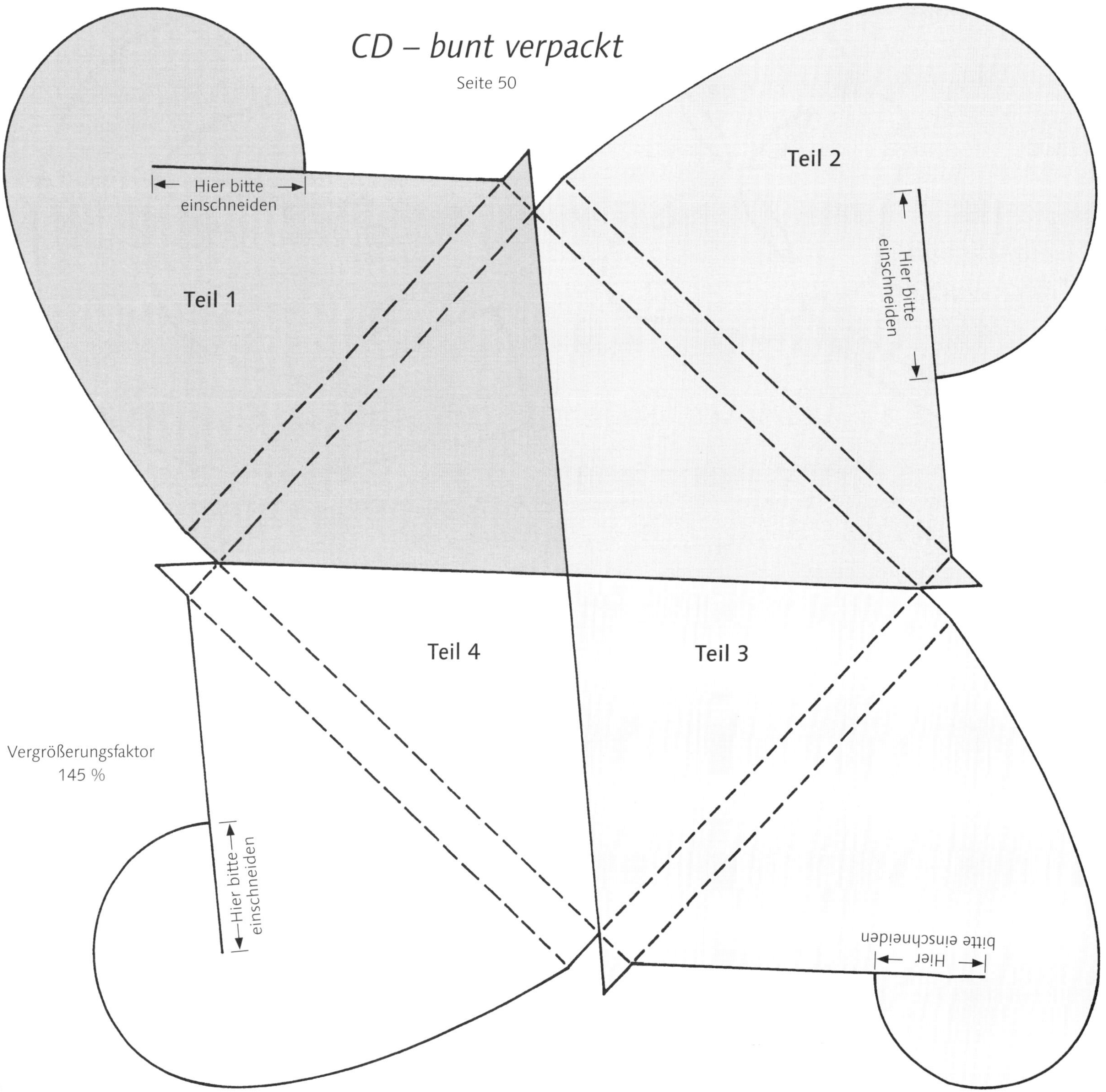

Vergrößerungsfaktor
145 %

Musik liegt in der Luft

Seite 53

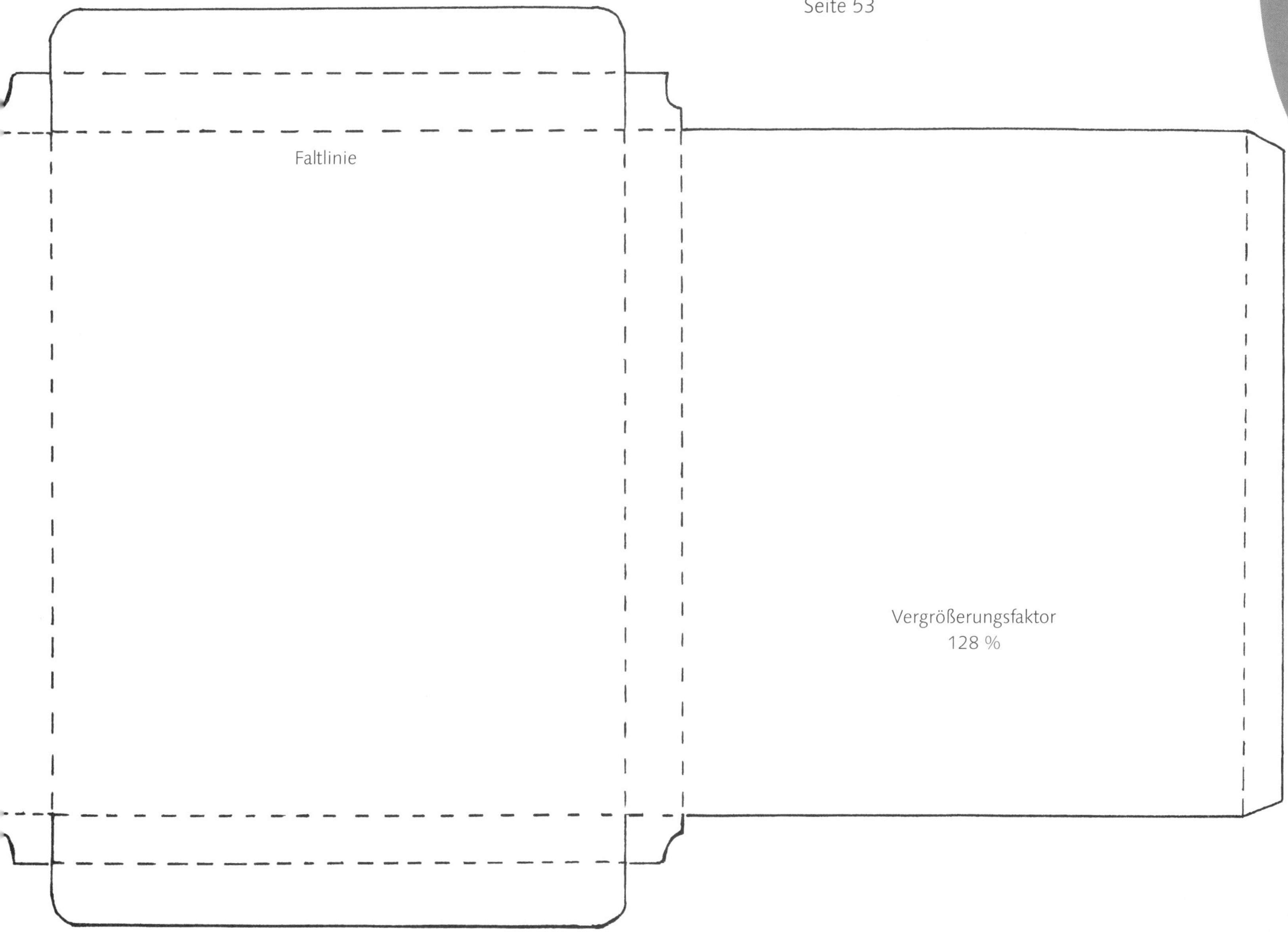

Schachteln für Weihnachtsknabbereien

Tannenschachtel

Seite 96

Vergrößerungsfaktor
160 %

Weihnachts-klänge

Seite 78/79

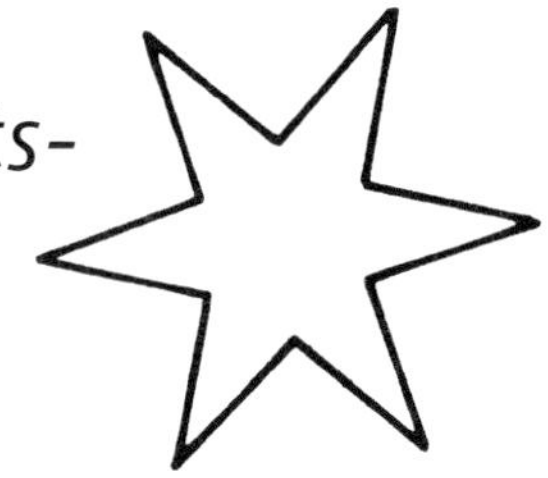

Schachteln für Weihnachtsknabbereien

Häuschen

Seite 96

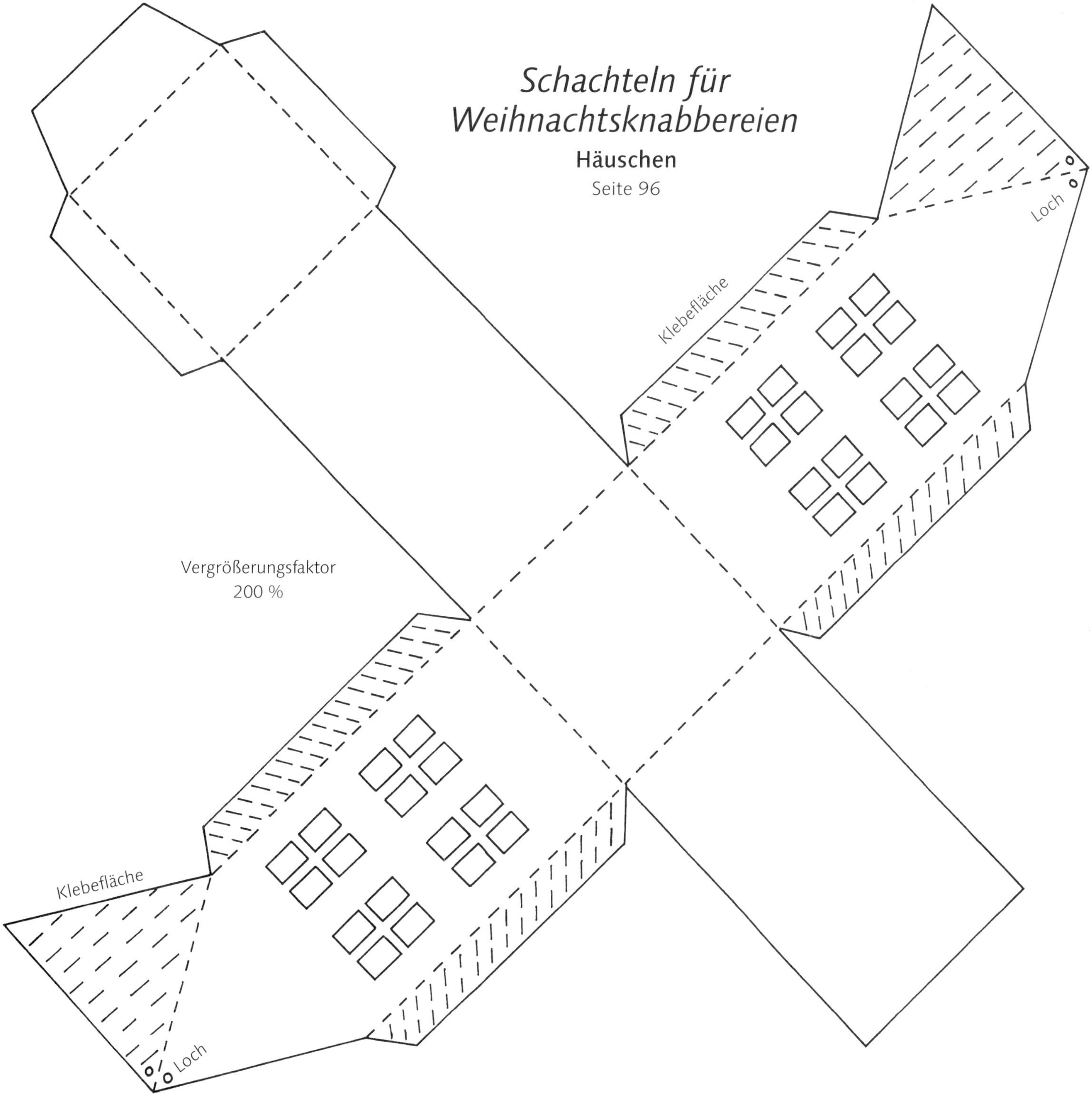

Vergrößerungsfaktor
200 %

Schwungvoll ausgeschnitten

Seite 41

Kleine Tüte

Vorderseite

Wohl bekomm's!

Sterntüte

Seite 74/75

Vergrößerungsfaktor
125 %

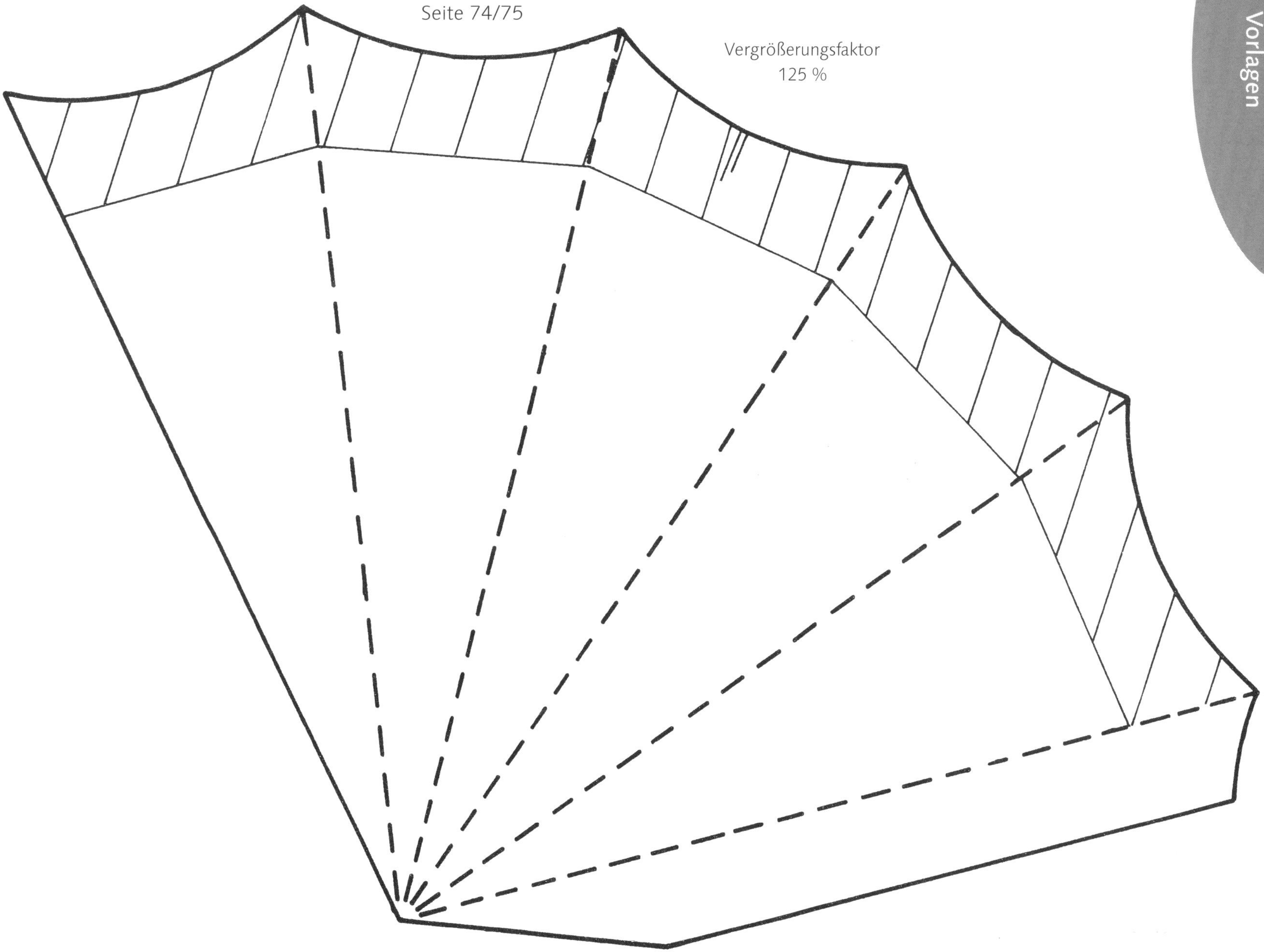

Wertvolles Strandgut

Seite 21

Seesterne mit Sand bestreuen
und mit Goldbouillon umwickeln

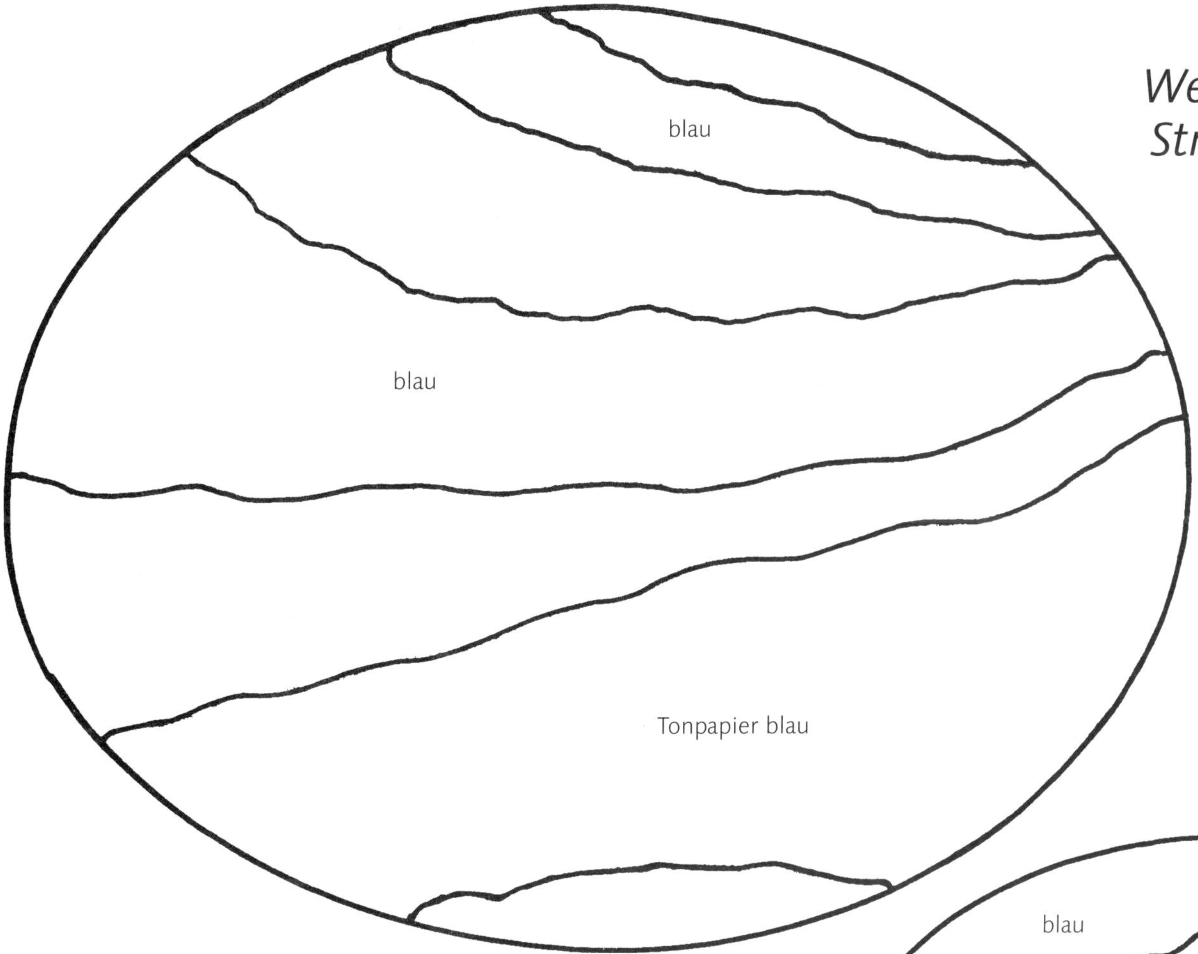

Wertvolles Strandgut

Seite 21

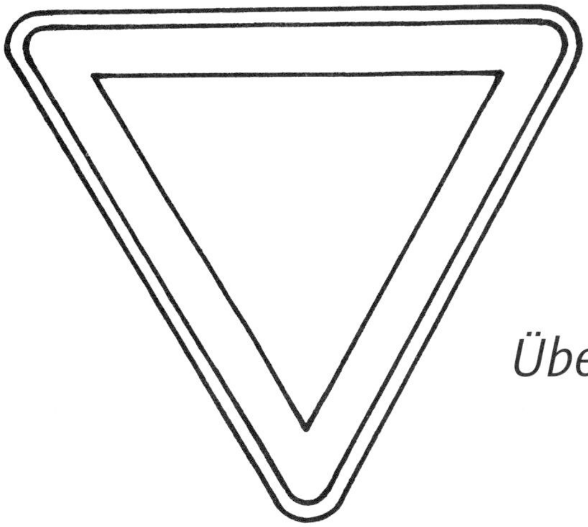

Bärige Überraschung

Seite 19

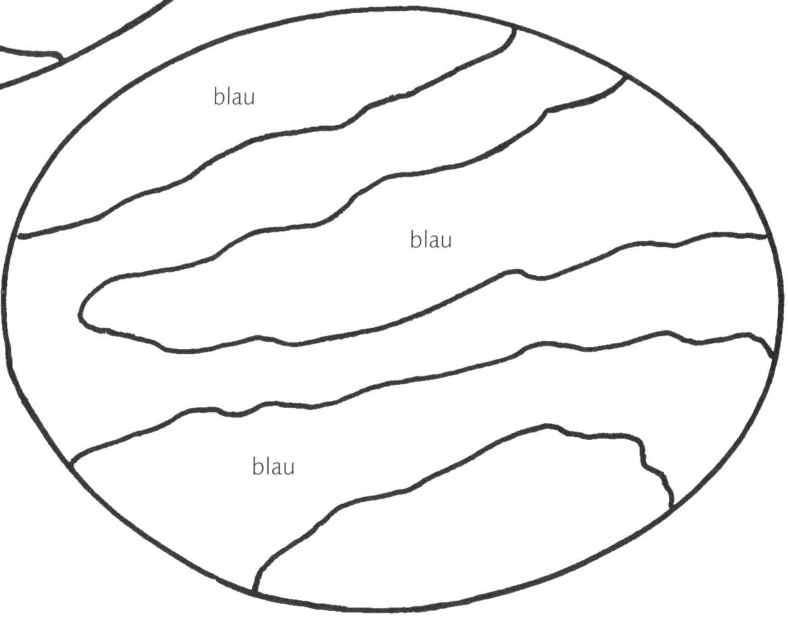

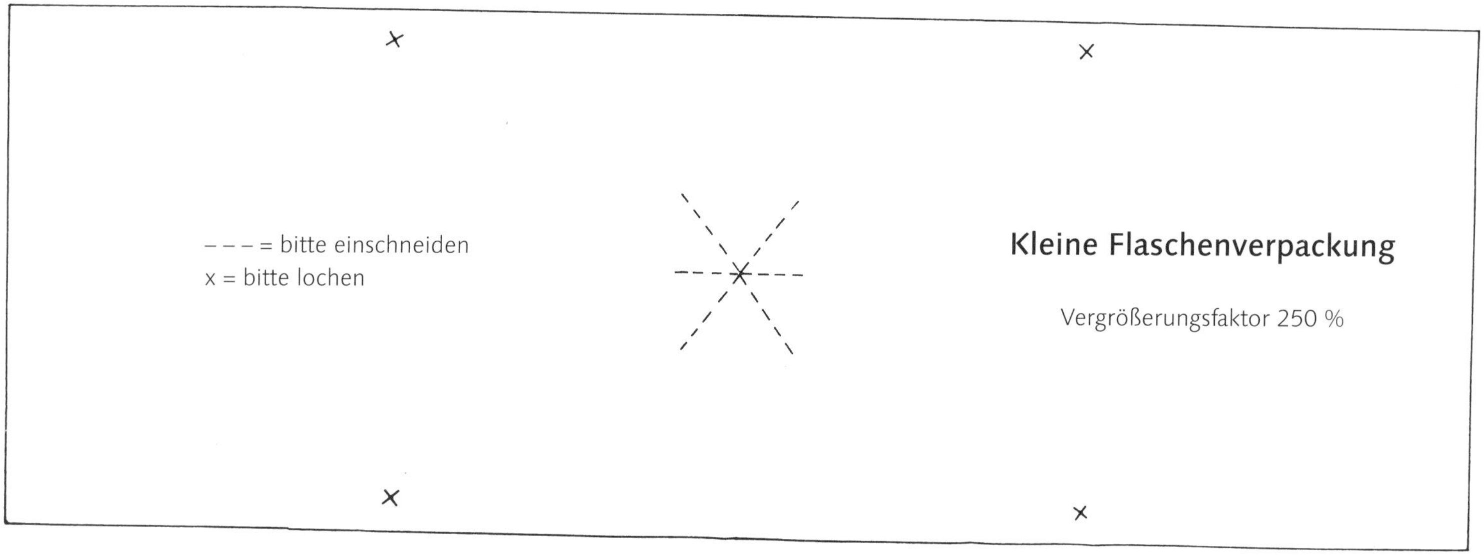

Merry Christmas

Seite 92/93

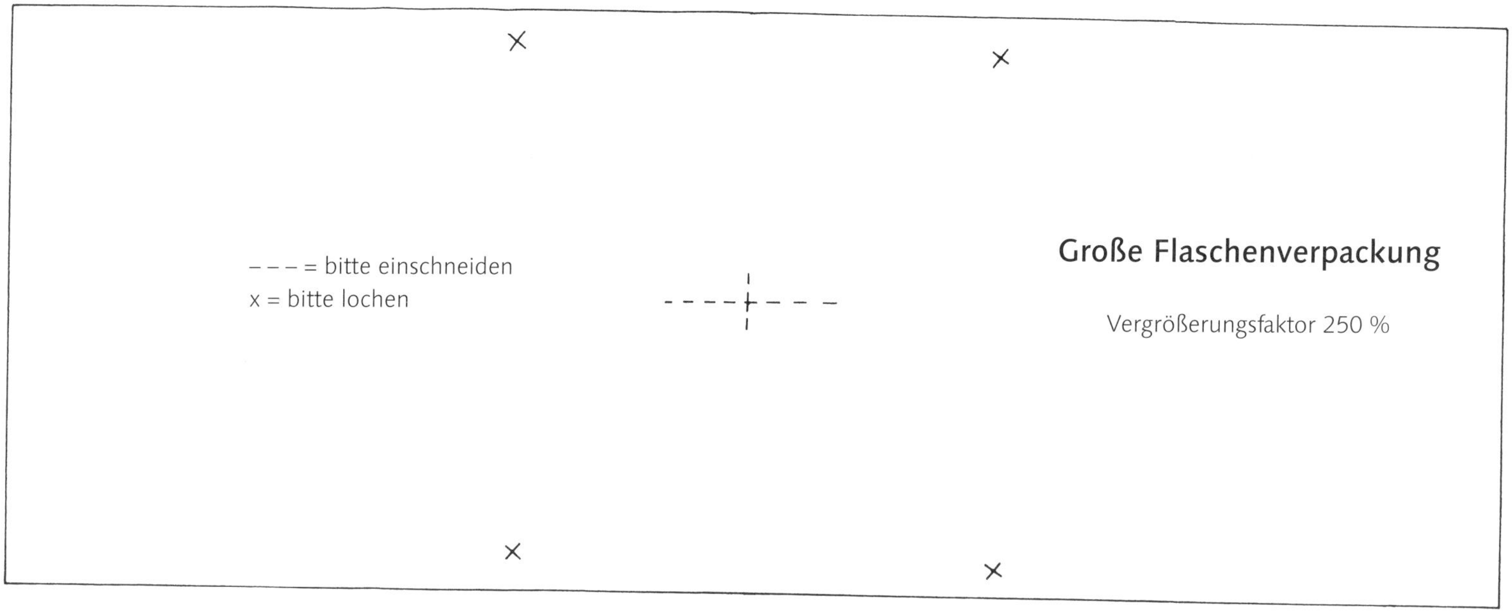